KB253434

조선의 소녀 옥분이

조선의 소녀 옥분이

003
그들이 본 우리
Korean Heritage Books

조선의 소녀 옥분이

선교사 구타펠이 만난 아름다운 영혼들

미네르바 구타펠 지음
이형식 옮김

살림

서구의 시선으로 본 근대한국

세계에서 차지하는 한국의 위상이 과거에 비해서 현저히 높아졌고, 문화 교류도 활발해지는 시대입니다. 지구를 하나로 묶는 세계화가 진행되면서 민족 간의 경쟁도 더 치열해지는 한편으로 상호 소통과 이해의 필요성도 커져가고 있습니다. 동시에 우리와 타자 사이의 경계가 희미해지고 정체성의 위기도 더 절박한 느낌으로 다가오고 있습니다. 이런 때일수록 세계 속에서 우리가 누구인지, 타자의 시선에 비친 우리의 모습은 무엇인지 되물어보는 것이 중요해진다 하겠습니다.

이번에 발간하는 '그들이 본 우리 총서 Korean Heritage Books'는 이 시대에 꼭 필요한 일 중의 하나가 이 되물음이라는 인식에서 기획되었습니다. 이 총서에는 서양인이 우리를 인식하고 표현하기 시작한

16세기부터 20세기 중엽까지 한국이 근대 국가로 형성되는 과정에서 그들이 묘사한 대로의 과거 우리를 확인할 수 있습니다. 그리고 그들의 서술이나 묘사를 통해서, 한국이 어떻게 세계에 비추어졌으며 어떻게 우리가 '한국인'으로 구성되어갔는지를 살펴볼 수 있습니다. 오늘의 우리가 형성되는 과정을 이해하는 데 이 자료들은 하나하나가 매우 귀중한 보고서들입니다.

이 총서를 통해 소개되는 도서는 한국문학번역원이 명지대-LG연암문고와 협력하여 이 문고에서 수집한 만여 점의 고서 및 문서, 사진 등에서 엄선한 100종으로 구성되어 있습니다. 한국문학번역원은 2005년 전문가들로 도서선정위원회를 구성하고 많은 논의를 거쳐 번역할 만한 가치가 있는 서양 고서들을 선별했습니다. 1995년 발족한 명지대-LG연암문고는 그동안 이 희귀본들을 수집 정리하는 데 많은 시간과 비용을 들였습니다. 이제 그 가운데 핵심적인 자료들이 번역 출간되어 일반인들에게 공개됨으로써, 우리 문화와 학문을 위해 훌륭한 자양분이 될 것으로 기대합니다.

한국문학번역원은 우리의 문화를 해외에 알리고 전파하는 것을 기본목적으로 하고 있는 기관입니다만, '우리'를 그들에게 제대로 알리기 위해서라도 '그들'이 본 '우리'를 점검해보는 일이 꼭 필요하다고 봅니다. 이 총서의 번역 출간을 계기로 한국문학번역원은 문화의 쌍방향적인 소통을 위해서 더욱 노력하고자 합니다.

이 총서 발간을 위해서 애써주신 명지학원 유영구 이사장님과 문고 관계자들, 선정에 참여하신 명지대 정성화 교수를 비롯한 여러 선생님들, 성실한 번역으로 도서의 가치를 높여주신 번역자 여러분들, 그리고 출판을 맡은 살림출판사에 감사의 말씀을 전합니다. 앞으로 이 총서가 관련 분야의 귀중한 자료로서만이 아니라 독자들의 재미있는 읽을거리로 자리 잡을 수 있기를 바랍니다.

2008년 3월
한국문학번역원장 윤지관

The Happiest Girl in Korea
and Other Stories From The Land of Morning Calm
by Minerva L. Guthapfel
Fleming H. Revell Company, 1911

『조선에서 가장 행복한 소녀』 1911년판 표지.

조선의 소녀들.

헌정사

어머니가 가장 사랑스럽고 아버지가 가장 가깝게 느껴지는 어린 나이에 교육과 남성다움과 여성다움을 성취하기 위해 머나먼 고국으로 떠나야만 했던 선교사들의 자녀들, 용감한 어린이들에게 사랑하는 마음으로 이 책을 바친다.

어린 시절을 보내고, 향수와 외로움과 상심을 모두 극복한 후 먼저 하나님께, 그리고 선교회에 사랑스러운 마음을 바친 다음, 그들의 행복을 위해 부모님들이 생명을 바친 사람들을 돕기 위해 다시 파송된 모든 사람들에게 찬사를 보낸다.

당신의 희생
고귀하게 보답되리.

서문

"지금까지 살았던 나라의 아이들 이야기 좀 해 주세요."

"언니, 조선에 대해 다른 것도 알아? 이야기식으로 말해 줘."

"오늘 와 주셔서 너무나 기뻐요. 주일학교 학생들에게 조선에 대해 말해 주시기 바라요. 그런데 가능하다면 이야기식으로 해 주세요. 아이들이 이야기를 제일 좋아하니까요."

첫 번째 것은 선교사가 고국에 보고를 하려고 갔을 때 초대받은 가정에서 어린이들로부터 받게 되는 요청이며, 두 번째는 선교사가 좀처럼 가지 못하는 자기 집에서 어린 동생의 입에서 나오는 요청이고, 세 번째는 신실한 주일학교 교장과 교사들로부터의 요청이다. 어린이들은 모든 것을 이야기 형태로 듣는 것을 좋아한다. 이 이야기의 저자는 사랑하는 어린이들의 이러한 요청에 부응하여 그들에게 들려주었던 이야기를 이제 글로 써서 그들 앞에 내어놓는다.

나이가 드신 분들에게는 이 모든 이야기가 사실에 기초하고 있으며 "고요한 아침"의 용감한 작은 나라에서 일어났던 실제 사건에서 따왔다는 것을 말씀드리고 싶다. 이야기의 대부분은 감리교 감독교회 여성 외국인 선교사회의 『여성들의 선교사 친구』와 『어린이의 선교사 친구』에 처음 연재되었던 것이다. "조선의 왕자"와 "유복이"라는 두 편의 이야기는 소년과 소녀를 위한 초교파 선교 잡지인 『에브리랜드』에 발표된 것이다. 이 이야기들을 연재해 주시고 다시 그것을 이 작은 책자에 싣도록 허락해 주신 두 잡지에 대해 저자는 진심으로 감사를 표하고 싶다.

"가장 행복한 소녀 _ 첫 번째 이야기", "가장 행복한 소녀 _ 두 번째 이야기", "유복이", "조선의 왕자"는 실제 일어난 사건을 바탕으로 한 실화이다.

조선을 사랑하여 이러한 일들을 직접 경험하고 글로 옮기면서 저자가 느낀 축복을, 독자들도 이야기를 속속들이 읽어 내려가면서 경험하기를 바란다.

조선 경성에서

미네르바 구타펠

차례

1. 조선에서 가장 행복한 소녀 _첫 번째 이야기

"날 찾았니?" 선교사는 자신을 빤히 들여다보는 갈색 얼굴을 향해 미소를 지었다.

"네." 선교사를 불렀던 14살 난 조선인 소녀가 대답했다. 선교사는 병원 문고리를 잡았던 손을 내리고 돌아서서 소녀의 옆 자리의 바닥에 앉았다.

"왜 그러니, 옥분아?"

수줍은 침묵이 잠시 흐른 후 소녀가 물었다. "선교사님은 곧 본국으로 돌아가시나요?"

"그래. 일주일 후에."

"크리스마스 장식과 우리 모두에게 선물을 보내주신 분들, 선교사님 친구 분들을 만나게 되나요?”

“그럼. 그들에게 무사히 돌아가도록 하나님이 지켜주신다면.” 선교사는 대답했다.

“그렇다면” 하고 잠시 머뭇거린 다음 “그냥, 옥분이가 감사하다는 말을 하더라고 전해 주시겠어요?”라고 소녀는 말했다.

기특한 요구에 기분이 좋아진 선교사는 기꺼이 승낙을 하고서 웃으면서 말했다. “옥분아, 내 친구들은 너를 모르는데. 너를 뭐라고 소개할까?” 옥분이는 그 질문에 즉시 대답했다.

“세상에서 가장 행복한 소녀 옥분이라고 전해 주세요!”

“세상에서 가장 행복한 소녀라고?” 선교사는 놀랐다. “안 돼, 옥분아. 그 말은 할 수 없어. 세상은 너무 크고 네가 가장 행복하지 않을 수도 있잖아. 아니 적어도 내 친구들은 그렇게 생각하지 않을 수도 있어!” 옥분이는 고개를 떨구었다가 이내 다시 환한 얼굴로 말했다.

“그렇다면 조선에서 가장 행복한 소녀라고 말해 주세요. 그래요, 그게 더 좋아요. 우리나라에서 오늘 나보다 더 행복한 사람은 없어요.”

선교사는 꼭 다문 입과 진지한 얼굴을 보면서 놀람을 금치 못했다. 주님께서 이 순간 여기에 앉아 계신다면 이렇게 말씀하시지 않을까. “온 이스라엘에서 이보다 큰마음을 지닌 자를 찾아본 적이 없다.”

선교사의 뇌리에 소녀의 짧은 인생 여정이 스쳐갔다. 가난에 찌든 가정에 태어나서 줄곧 굶주림과 추위를 벗으로 삼고 살다가 남은 동생들을 먹일 양식을 받는 대가로 부모가 그녀를 부잣집에 종으로 팔았던 일. 굶주림과 추위에다가 고된 일과 무자비한 매질까지 견뎌내야 했던 일. 그러던 어느 추운 날 두 손과 발 하나가 동상에 걸려 그렇지 않아도 힘겨운 삶의 무게에 고통까지 더해지던 일. 그러다가 몇 달 후 일하는 것이 불가능해지자 주인과 함께 "가능한 한 빨리 나아서 이용가치가 있는 사람이 되도록 외국인 의사"에게 오던 일.

작은 병원에 도착하여 외국인 여성들을 보고 겁이 났지만 그런 걸 신경 쓰기에는 너무 아팠던 소녀는 외국인들이 침대라고 부르는 이상한 물건 위에서 눈처럼 흰 시트를 덮고 잤다. 하지만 다음날 깨어나니 안락함, 즉 먹을 것과 따스함, 친절한 말, 심지어 의사와 간호사들의 다정한 미소까지 기다리고 있었다. 그녀가 주인에 대해 물어보자 사람들은 그녀가 여기 머물러서 낫기만 한다면 오랫동안 오지 않을 거라고 말해 주었다. 지치고 아픈 소녀는 "잘 되었네요."라고 말하고 운명에 자신을 맡겨버렸다. 이제까지 지내온 것보다 더 나빠질 수는 없었던 것이다.

시간이 흘러 8개월이 훌쩍 지나갔다. 열병에 시달리며 많은 날을 보냈고 고통이 덜할 때는 비교적 편안하게 지낸 날도 많았다. 이상하고 냄새가 나는 "약"이라는 걸 먹고 여러 번 잠이 들었으며 깨어나면 의사와 간호사들이 말하곤 했다. "옥분아, 이제 나아질 거야. 네 손과 아픈 발을 고쳤단다." 하지만 왠지 모르게 시간이 지나면 언제나 다시 아팠다. 날마다 상처를 치료하는 일이 얼마나 겁이 났는지! 그러나 미국인 간호사, 혹은 그 미국인 "병원 부인"이 와서 손발을 잡아주면 훨씬 도움이 되었다. 그러면 소리 내어 울기보다는 입술을 꼭 다물고 신음소리를 낼 수 있었다.

선교사는 옥분이의 손발을 잡아주던 때를 기억하면서 몸서리를 쳤다. 얼마 후 자신의 병 때문에 급히 도시를 떠났다가 건강이 좋아진 상태에서 돌아와 처음으로 병원에 가던 때도 얼마나 또렷하게 기억이 나는지.

옥분이도 훨씬 좋아 보이는 모습으로 구월의 햇볕을 받으며 앉아 있었다. 기쁨의 탄성을 지르며 그녀는 두 손이 없는 팔과 발이 없는 다리를 들어올렸다.

"보세요. 선교사님이 안 계실 때 의사 선생님께서 내 고통을 모두 잘라내 버렸어요." 이제 매일 상처를 치료하는 일을 더 이상 견디지 않아도 된다고 열심히 말하는 소녀를 보면서 선교사는 다시 한 번 몸서리를 쳤다.

그때가 9월이었고 지금은 1906년 12월 25일이었다. 장소는 조선 경성에 있는 감리교회 여성 외국인 선교사회 소속의 작은 병원이었다. 환자들을 위한 크리스마스 행사가 막 끝났고 쌓여 있던 선물이 모두 없어진 작은 크리스마스트리가 구석에서 반짝이고 있었다. 선교사는 자신을 바라보는 진지한 눈을 향해 미안하다는 의미로 미소를 지었다.

"옥분아, 네가 말한 걸 방금 생각해 봤는데. 그래, 조선에서 가장 행복한 소녀가 감사하다는 말을 전하더라고 친구들에게 말해 줄게. 단, 내 친구들을 납득시킬 만한 이유를 나한테 말해주기만 한다면."

옥분이는 이마를 잠시 찌푸리더니 이내 환한 표정을 지었다.

"좋아요. 그건 쉬워요. 이유가 여러 가지에요."

"좋아, 그럼 하나하나 대봐." 선교사가 말했다. "그럼 내가 꼽아볼게. 첫째는?"

"글쎄요. 가만 있자" 옥분이는 영리한 표정을 지었다. "첫째 제 모든 고통이 사라졌기 때문에 저는 가장 행복해요."

"하나." 선교사는 꼽았다.

"네 그래요. 여기 있는 몇 달 동안 매를 한 번도 안 맞았어요."

"둘." 목으로 뭔가 울컥 삼키면서 선교사는 수를 세었다.

"이곳에 온 후로 배고픈 적도 없어요."

"셋." 침을 삼키며 선교사는 계속 세었다.

"참, 선교사님. 의사 선생님이 그 사람들에게 돌아가지 않고 계속 여기 있어도 된대요!"

"넷." 하고 말하며, 선교사는 형편없는 시설에다 환자도 많고 불편한 병원을 영원한 집으로 마음속에 떠올려 보았다.

"아, 그리고 잊어버리면 안 돼요, 선교사님. 또 한 가지 이유가 있어요. 크리스마스트리를 보았어요. 그렇게 예쁜 걸 본 적이 없거든요."

"다섯." 하고 세면서 선교사는 다른 나무를 치장하고 남은 일곱 개의 싸구려 장식으로 꾸민 트리를 바라보았다. 저런 트리로 크리스마스를 한 번이라도 참고 지내라고 하면 미국에 있는 여동생이 뭐라고 말할까 하고 선교사는 생각해 보았다.

자기 앞에 있는 아이를 향해 눈을 돌리니 슬프지는 않지만 눈물이 글썽한 눈을 하고 잠자코 있는 모습이 보였다. "왜 그래, 옥분아?" 선교사는 부드럽게 물었다. "이제 다 말했니?"

"아뇨, 선교사님. 하나가 더 있는데 이게 마지막이에요. 모르시겠어요? 짐작 못하시겠어요? 내가 예수님께 기도하면 손발이 있는 다른 사람들에게 그랬던 것처럼 내 죄를 씻어주신다고 사람들이 말했잖아요. 두 손이 없고 발도 하나만 있는 나 옥분이도 예수님이 사랑한다고 말했어요. 그래서 기도했더니 그분이 정말 들어주셨어요. 내 죄를 다 가져가셨어요. 그리고 나를 사랑하세요. 나는 진심으로 그걸 알아요.

그만하면 충분히 말할 수 있지 않나요? 선교사님, 그래요. 내가 조선에서 가장 행복한 소녀에요. '감사해요'라고 대신 말해 주세요."

선교사는 눈물이 글썽한 눈으로 일어서서 거의 말을 잇지 못했다. "그럴게, 옥분아. 그럴게. 하나님이 축복하실 거야. 내가 말할게. 분명히."

문밖에서 그녀는 심호흡을 하고 눈이 쌓인 땅에 눈물을 흘렸다. "오, 하나님. 제가 몸이 낫기 위해 본국에 돌아가야 한다면 그들에게 조선에서 가장 행복한 소녀에 대해 전하게 하소서."라고 그녀는 말했다.

하나님이 들으셨고, 선교사는 지금 미국에 있는 여러분에게 말하고 있는 것이다.

그들이 듣고 있어, 옥분아! 사랑스런 아이야. 너의 삶과 고통은 헛된 것이 아니야. 네가 말하는 "감사해요"라는 말을 사람들이 듣게 될 거야!

2. 조선에서 가장 행복한 소녀 _두 번째 이야기

조선에서 가장 행복한 소녀는 매우 바빴다. 난생 처음으로 나라 밖으로 보내는 편지를 쓰고 있기 때문이었다. 또 그게 보통 편지도 아니었다. 그건 "감사"의 편지였다. 우리의 행복한 소녀는 학교에 가본 적도 없었다. 따라서 이 편지 쓰는 작업은 어려운 일이었다. 왜냐하면, 기억할지 모르겠지만 조선에서 가장 행복한 소녀는 두 손과 발 한쪽을 절단했기 때문이다. 오늘 옥분이가 조선의 경성시에 있는 "여성선교회" 병원 바닥의 작은 테이블 앞에 엄숙하게 앉았을 때 그녀는 연거푸 이마에 주름을 짓고 얼굴을 찌푸렸다. 연필이 자꾸 미끄러지고 글씨가 똑바로 써지지 않았기 때문이었다. 오랜 시간이 걸렸지만 마침내 편지 한 장이 완성되었다.

그건 한글을 쓰는 방식으로 위에서 아래로, 좌에서 우로 족히 1야드 정도의 길이로 쓰인 꽤 긴 편지였다. 내용 전체를 소개하고 싶지만 일부만 소개해도 될 것이라고 생각한다. 조금만 소개하자면:

"양력 1910년 3월 1일, 대한(조선) 땅에서.

사랑하는 부인께.

하나님의 은혜 가운데 강령하시며 집안 두루 평안하신지요? 이제 안나 송이라는 세례명을 갖게 된 옥분이는 아직 대한의 땅에 살고 있으며 하늘에 계신 아버지의 선함을 입으려 애쓰고 있으며 불만이 전혀 없이 살고 있습니다."

여러분은 한글로 적힌 편지 세 줄을 볼 수 있을 것이다. "감사" 부분은 공간 부족으로 싣지 못했다.

편지 쓰기를 끝내고 옥분이는 잠시 쉬었다. 손이 없어서 팔과 팔 사이에 단단히 고정시킨 연필로 편지를 써야 했고 그걸 고정시키는 건 쉬운 일이 아니었기 때문이다.

쉬고 있는 동안 간호사가 그녀에게 다가왔다. "애야. 잘 되어 가고 있니?"

"네, 한 장 끝냈어요. 부인께서 읽을 수 있을까요?" 행복한 소녀가 말했다.

간호사는 편지를 들고 등을 약간 돌린 채 손수건을 흥건히 적셨다.

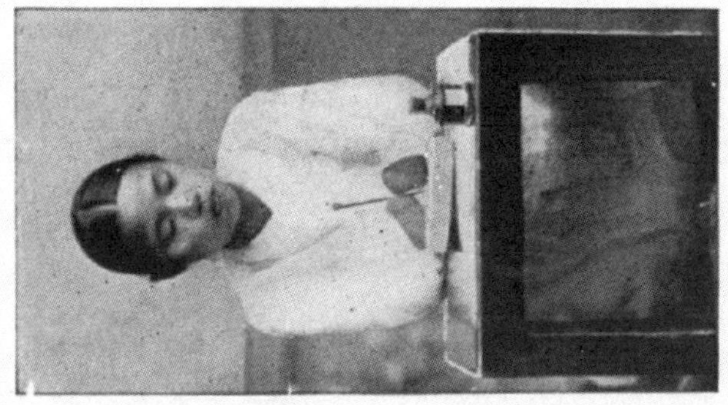

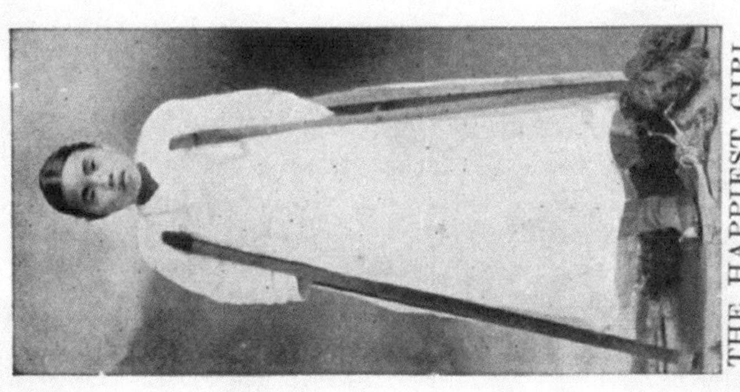

조선에서 가장 행복한 소녀 옥분이.

이상한 일은 사람들이 우리의 행복한 소녀를 보며 이야기를 할 때 그녀가 고통을 겪으면서도 늘 환한 미소를 짓는 것을 보게 되면 목에서 뭔가 울컥 올라오면서 눈에 눈물이 맺히고 옥분이가 보지 않을 때 손수건을 사용한다는 사실이다. 간호사는 편지를 읽었고, 그건 손을 가진 사람이 쓴 어떤 편지보다도 훨씬 잘 쓰인 훌륭한 편지였다.

"그래, 안나야." (이제 우리는 옥분이를 세례명으로 불러야겠다.) "정말 잘 썼구나." 안나의 얼굴이 환해졌다. "하지만 오늘은 그만 쓰지 않을래?"

"글쎄요. 다른 부인들께서 보낸 아름다운 실크 퀼트에 대한 감사의 편지를 써야 하는데요." 안나가 말했다.

"그래. 하지만 그건 다른 날에 쓰도록 남겨두자." 간호사는 권유했다. "게다가 지금은 외출할 시간이야. 춥지만 눈부시게 맑은 날이야. 자, 외출한 다음 저녁을 먹고 쉬어야지. (우리의 안나는 체력이 강했던 적이 없기 때문이다.) 그런 후에도 기분이 괜찮으면 의무실에 가도 좋다고 의사 선생님이 말씀하셨어." 안나의 얼굴이 환해졌다. 다시 한 번 가장 행복한 소녀가 된 것이다.

"너무 기뻐요." 그녀는 말했다. "오늘은 의사 선생님이 불쌍한 불신자들에게 가지 못하게 하실 거라고 생각했어요. 편지를 쓰고 나면 오늘은 그만해라 하실 줄 알았어요."

“아니,” 간호사가 말했다. “네가 지금 편지 쓰기를 중단하고 외출을 한 다음에 저녁 먹고 쉬고 나면 의무실에 가도 된다고 내게 말씀하셨어. 오늘은 전도 부인이 일찍 집에 가시기 때문에 네가 사람들과 함께 있기를 바라시거든.”

안나가 외출 준비를 하는 동안 미국에 있는 어느 어머니가 보낸 아름다운 휠체어를 한번 살짝 내다보자. 그 어머니는 자신의 딸이 불치의 병에서 치유되자 “조선에서 가장 행복한 소녀”라는 작은 책자에서 옥분이의 이야기를 읽고 감사하는 마음으로 옥분이에게 휠체어를 보내게 되었던 것이다. 휠체어는 튼튼하게 만들어졌고, 가볍고 사이즈는 작지만 안나가 타기에는 충분한 크기였다. 우리의 아픈 소녀는 미국의 어떤 백만장자가 자신의 멋진 자동차에 대해 느끼는 것보다 더 큰 자부심을 휠체어에 대해 갖고 있었다.

소녀는 따뜻하게 옷을 입고 아름다운 실크 퀼트를 덮은 상태에서 휠체어에 앉았다. 그 퀼트는 선교 목적으로 미국의 어느 부인이 만들고, 지역총회에서 조선에서 가장 행복한 소녀에게 보내려고 구입한 것이다. 외출이 끝나자 간호사가 식사를 준비해서 소녀에게 먹여 주었으며 흰 침대(동부의 어느 주에 있는 성경공부 모임이 후원한)에서 잠시 휴식이 있었다. 그리고 안나는 다시 한 번 병원 의무실 구석에서 방안을 가득 채운 여자들에 둘러싸여 앉았다. 입을 벌린 채 눈을 크게 뜬 여자들은 대개 불신자들로서 주변 구역에서 온 사람들이었다.

아픈 아기들의 울음소리와 청중들이 연신 쏟아내는 놀라움에 찬 질문 가운데서도 안나는 팔로 성경의 페이지를 능숙하게 넘겨서 가장 좋아하는 구절인 "요한 1서 4장"을 찾았다. 안나는 그날 다루고자 하는 7절까지 읽었다. "사랑하는 자들아. 우리가 서로 사랑하자. 사랑은 하나님께 속한 것이니 사랑하는 자마다 하나님께로 나서 하나님을 아느니라." 안나는 고통 받던 어린 시절 이야기로부터 시작해서 여성 외국인 선교사회 병원에 오면서 그녀가 누렸던 사랑, 보살핌, 도움, 보호, 그리고 기쁨에 대한 이야기를 가난하고 무식한 여인들에게 들려주었다.

"어머!" 하고 한 사람이 말했다. "참 이상하네. 저 예수쟁이 의사들이 저 여자의 손과 발을 잘라내고도 멀쩡하게 살려 놓고, 이렇게 잘 대해주면서 이 많은 공부도 시켜줬다면, 단지 예수를 믿는다는 이유 때문에 그랬다면, 거기에는 조선에 있는 어떤 종교와도 다른 무언가가 있는가 봐."

"맞아." 옆에 있던 여자가 말했다. "의사들이 손을 잘라낸 칼을 가지고 바로 저 여자의 심장에 꽂지 않은 이유가 궁금해. 그랬으면 고생도 안 하고 돈도 안 들었을 텐데."

"그러게, 어쨌든 이상한 종교야. 근데 저 여자 말하는 것 좀 봐. 눈이 반짝반짝 빛나고 뺨이 통통하고 건강한 걸 좀 봐. 두 손이 없고 한쪽 발도 없지만 손발이 모두 있는 우리 누구보다 행복한 것 같아."

"이 종교가 최고인 것 같아. 저 애가 뭐라고 하는 거지? 잘 듣지 못했어."

"들어봐." 하고 그녀의 친구가 말했다. "또 말을 시작해." 그리고 그들은 귀를 기울였다.

"조선의 여성 여러분." 우리의 행복한 소녀가 낭랑한 목소리로 말했다. "이 하나님, 바로 예수 그리스도가 이 땅에 와서 여러분을 위해 생명을 바친 것은 여러분을 사랑해서입니다. 여러분이 교회에 가서 무릎을 꿇고 이 예수라는 분의 이름으로 하늘의 아버지께 기도할 때, 여러분이 저지른 모든 악한 행동과 마음속의 모든 것을 뉘우친다고 말할 때, 죄 때문에 여러분의 악한 마음이 돌처럼 무거우며 그분이 그 죄를 없게 해주시기를 원한다고 말할 때, 그분은 그렇게 하실 거예요. 하나님이 여러분의 마음을 희고 깨끗하게 만들면 돌덩어리가 아니라 깃털처럼 느껴질 것이며, 여러분도 사는 동안 늘 행복할 것입니다. 여러분이 죽을 때 하나님은 여러분을 위해 만든 아름다운 집에서 그 자신과 예수님과 함께 살도록 데려가실 것이며 모든 질병이 사라질 거예요. 오 여러분, 오늘 와서 기도하세요! 가능하면 교회에 가시고 교회에 갈 수 없으면 지금 여기서 기도하세요. 그러면 기도하는 동안 아버지께서 지금 당장 여러분의 마음을 씻어주실 것이며 영원한 기쁨과 평화가 있을 거예요. 여러분들 오세요. 예수님이 기다리십니다. 제가 노래하는 동안 무릎을 꿇고 기도하세요." 종소리와 같은 목소리로 우리의 안나는 가장 좋아하는 찬송을 불렀다.

> 나의 죄를 씻기는
>
> 예수의 피밖에 없네
>
> 다시 성케 하기도
>
> 예수의 피밖에 없네

노래가 끝나고 방안 곳곳에서 가난하고 무식한 여자들이 양반집 여자들과 나란히 앉아 눈물 젖은 눈을 닦으며 "내일 올게요. 더 이야기해 주세요. 다시 불러 주세요."라고 외쳤다. 결코 지칠 것 같지 않은 목소리로 찬송 소리가 계속해서 울려 퍼졌고 마침내 어둠이 깊어지고 의사가 마지막 환자를 진찰실로 불렀을 때 (이 모든 일이 의사가 환자를 치료하는 동안 일어났던 것이다) 소녀는 팔 밑에 낀 목발을 짚고 한쪽 발로 일어나 외쳤다. "그리스도를 더 알고 싶은 분은 손을 드세요." 방안 이곳저곳에서 사람들이 손을 들자 안나는 머리를 숙이고 말했다. "예수님, 여기 또 사람들이 있습니다. 이들은 지치고 피곤하고 당신을 알고 싶어 합니다. 그들을 지금 도와주시고, 나를 가르쳐 주셨듯이 그들을 곧 가르쳐 주소서. 아멘."

간호사가 문간에 와서 "안나야, 이제 저녁 먹을 시간이야."라고 말하고 그녀를 인도해서 나갔다. 병동에서 저녁 식사가 있었고 의사와의 몇 마디 대화와 저녁 기도가 있은 후 흰 잠옷을 입고 우리의 행복한 소녀는 잠자리에 들었다. 한편 의사는 하얀 침대에 몸을 숙이고 "사랑하는 안나야, 조선 땅에서 일하는 어떤 목회자보다 너의 사역을 원하는 영혼들이 많이 있단다. 하나님이 너를 축복하시고 늘 곁에 두시기를 빈다."라고 말했다.

다음날 안나는 또 다른 "감사" 편지를 썼다. 이런 식으로 안나의 삶은 평안과 만족 속에서 하루하루 진행된다. 하지만 아직 몸이 강건하지 못하여 시련과 심지어 고통의 날들을 겪고 있다. 그러나 조선에서 가장 행복한 소녀를 사랑하는 분들에게 우리는 더 이상 아무 것도 (휠체어, 실크 퀼트, 혹은 지원) 바라지 않는다고 말하고 싶다. 왜냐하면 이런 것들은 우리의 안나를 위해 충분히 공급되었기 때문이다. 그러나 조선의 넓은 땅에는 안나가 이 병원에서 받았던 것과 같은 보살핌을 필요로 하는 수많은 소녀들, 같은 기회가 주어진다면 행복한 마음으로 같은 이야기를 반복할 많은 소녀들이 살고 있다는 것을 말해주고 싶다.

　"조선에서 가장 행복한 소녀" 연재물을 읽고 계시는 여러분에게 미국의 크리스천들이 도와주기만 한다면 마찬가지로 행복해질 수 있는 수많은 소녀들이 있음을 기억하라고 권하고 싶다.

　"너희가 여기 내 형제 중에 지극히 작은 자 하나에게 한 것이 곧 내게 한 것이니라."

3. 어느 조선 아기의 생각

앙, 앙, 앙! 이렇게 울어도 소용이 없는 것 같아요! 멈추고 생각을 좀 해봐야겠어요! 내가 왜 이렇게 많이 우는 걸까! 뭔가 이따금씩 나를 깨물어서 그런 것 같아요. 괴상하게 생긴 쪼그만 갈색, 어떤 때는 검정색의 뭔가가 나를 깨물어요. 그놈들이 내 얼굴을 막 기어 다니고 나는 소리를 치지만 아무도 신경 안 써요. 검정색이나 갈색으로 된 무는 것들이 없었으면 좋겠어요!

나는 오늘로 태어난 지 4개월 되었고 "계집애"예요. 오늘도 계집애라고 하는 소리를 또 들었어요. 그런데 "계집애"가 뭔지 도대체 모르겠어요. 좋은 건 아닌 것 같아요. 왜냐하면 내가 태어난 지 하루 지났을 때, 정말 작고 약하고 묘한 기분이었을 때, 우리 아버지(여기 가끔 들어오는 남자)가 우리 어머니(나를 먹여주고 아무도 안 볼 때 나를 꼭 안으면서 눈에서 나오는 물을 떨어뜨리는 여자)에게 말하는 걸 들었기 때문이에요. 아버지는 "계집애라니 실망이야."라고 어머니에게 말했고 어머니는 나를 꼭 안으면서 "네, 하지만 참하고 예쁘잖아요. 그리고 우리의 아기예요."라고 말했지요. 아버지는 "그래. 하지만 이름을 '섭섭이(실망)'라고 지어야 하겠어. 이 집안에서 별로 쓸모가 없을 거니까. 계집애들은 원래 그래. 첫 아이로 딸이 태어나는 건 남자에게는 힘든 일이야."라고 말하고 눈을 찌푸리고 나갔어요. 아버지가 나가자 어머니는 나를 품에 안았고 나는 처음으로 얼굴에 물을 뿌리는 걸 느끼고 울어버렸지요. 하지만 어머니가 내 얼굴을 엄마 얼굴에 갖다 댔기 때문에 곧 그쳤어요. 그리곤 젖는 것도 별로 신경 안 썼답니다.

그게 처음이었지만 그 후에도 눈물이 자주 쏟아졌는데 특히 아버지가 들어와서 나를 볼 때 자주 물벼락이 있었어요. 아버지는 처음에 나를 볼 때는 멋진 모습을 보여주세요. 눈도 찌푸리지 않고 나도 아버지를 향해 웃어요(아프게 하지 않으니까). 가끔은 아버지가 내 턱을 톡톡 치기도 해요. 하지만 할머니가 들어오면 갑자기 뻣뻣해지면서 중얼거리지요. "계집애란 말이야!" 도대체 "계집애"가 뭔지 모르겠어요. 나는 그 말도 싫고 "섭섭이"란 말도 싫어요. 할머니가 나를 두 가지 말로 부르면서 얼굴을 찌푸리기 때문이에요. 엄마는 이런 말로 나를 부르지 않아요. 엄마는 "좋은 아기(착한 아기라는 뜻)"라고 부르고 나는 그 말이 제일 좋아요.

할머니가 "계집애" "섭섭이"라는 말을 하지 않고 인상만 쓰지 않으면 정말 좋을 텐데. 가끔 내가 울면 할머니는 나를 어깨에 기대게 하시는데 너무 크고 넓고 포근해서 내가 품에 파고들면 할머니도 나를 꼭 껴안아주시지요. 그런데 그게 오래 가지는 않아요. 왜냐하면 "계집애"와 "섭섭이"라는 두 마디를 또 하시면서 나를 내려놓고 가서 아무 잘못도 하지 않은 엄마를 때리시기 때문이에요. 아, 이제 생각하기도 지쳤어요. 다시 울기나 해야지. 아니, 잠이나 자야겠어요. 계집애가 아니었으면 얼마나 좋을까!

여러분이 읽을 수 있도록 내 생각을 말한 지 이제 한참이 되었지만 나는 아직도 생각을 멈출 수 없어요. 우리 집에서는 한동안 이상한 일이 벌어지고 있었어요. 오늘로 나는 한 살이 되었고 아주 웃기는 생일을 맞이했지만 그걸 말하기 위해서는 훨씬 먼 과거로 돌아가야겠어요. 내가 지난번에 내 생각을 여러분에게 들려준 지 얼마 안 되어 어떤 조선 여자가 우리 집에 왔어요. 그런데 얼굴도 하얗고 손도 하얗고 이상한 옷을 입은 다른 사람을 데리고 왔어요. 사람들이 그 여자가 "외국인"이며 "선교사"라고 하던데, 그게 도대체 뭐지? 그 여자는 나에게도 우리말로 정말 부드럽게 이야기했어요. 우리 할머니에게도 말을 걸었어요. 그리고 다른 여자는 어머니에게 말을 했고 그들이 가려고 할 때 할머니는 어머니를 가리키며 "좋아요. 저 애를 데리고 갈게요." 라고 했어요.

다음날은 집안에 온통 난리가 났어요. 어머니는 일을 할 때 나를 등에 업는데 이날은 내가 어지러워 죽을 뻔 했어요. 어머니가 우리 집의 낮은 문을 너무 자주 빨리 들락거려서 나는 내 머리가 떨어지거나 문간에 부딪히는 줄 알았어요. 하지만 어머니들은 항상 조심하기 때문에 부딪히지는 않았어요. 나는 어머니 등에 바짝 매달려 잠이 들었고 내가 깨어났을 때 어머니는 일에 온통 매달렸지만 늘 그렇듯이 할머니는 꾸중만 했어요. 할머니는 "다 어리석은 짓이지만 그 여자가 하도 구슬리는데다 좋은 '구경(가서 보는 것)' 거리이기도 하니 가보자." 라고 말했답니다. 그러자 어머니는 큰 초록색 코트를 가져다 나를 업은 채 그걸 입었고, 내가 코트 속에서 잠이 들었기 때문에 여러분이 나를 볼 수는 없지만 어쨌든 우리는 다시 이곳에 오게 되었답니다.

내가 잠에서 깨어났을 때 우리는 여자들과 아기들이 가득한 이상한 곳에 있었어요. 나는 처음에 울까도 생각했지만 아무도 울지 않아서 그냥 구경만 했어요.

그곳은 엄청나게 컸고, 하얀 부인은 이상하게 생긴 상자에 앉아 있었으며, 그 상자는 이상한 소리를 냈어요. 그리고 사람들은 그 상자와

"내가 안 보이죠?"

같은 소리를 내려고 애를 썼고 책을 보고 그 소리를 냈어요. 책이란 참 웃기는 물건이에요. 그러자 그 부인처럼 얼굴이 하얀 남자가 일어나서 계속 이야기를 했고 나는 잠이 들었어요.

잠에서 깨었을 때 우리는 집에 있었고, 할머니는 그날 하루 종일 조용하고 부드러웠으며, 어머니도 행복해 보였어요. 아버지가 들어와 자기도 그 넓은 곳에 갔었으며, 휘장 반대쪽에 있었다고 말했어요. 아버지는 그게 뭔지는 모르지만 "교리를 실천"하겠다고 말했어요. 그 하얀 남자가 예수란 사람에 대한 이야기를 많이 해주었다고 했어요. 아버지가 그 말을 하자 어머니는 나를 안고 아무도 듣지 못하도록 내 귀에다 대고 "아가야, 바로 그거야. 오늘 사람들이 '예수 사랑하심은' 이란 노래를 불렀어. 그리고 하얀 여자가 '예수님이 여자들과 계집아이들도 사랑하신다'고 말했어. 아, 너무 기쁘구나!"라고 말했어요. 어머니가 나를 꼭 안았는데 이번에는 눈물이 내 얼굴을 적시지 않았어요. 어머니의 눈은 아름답고 밝게 빛나기만 했답니다.

이제 모든 것이 예전과 달라졌어요. 우리 집의 모습이 달라졌어요. 전에 나를 깨물던 흑색과 갈색의 벌레들이 더 이상 나타나지 않았어요. 사람들이 그걸 바퀴벌레와 벼룩이라고 불렀는데 더 이상 보이지 않더군요. 그리고 사람들이 "비누와 물"이라고 부르는 물건의 냄새를 언제나 맡게 되어 기분이 좋았어요. 그리고 내 생일인 오늘 우리가 그

"이제 우리 집이 달라졌어요."

큰 건물에 갔을 때 하얀 남자가 나를 품에 안았는데 하나도 무섭지 않았어요. 나는 그냥 그의 수염을 붙잡고 흰 얼굴을 쓰다듬었답니다. 하얀 색깔이 내 손에 묻지도 않았어요. 내 손은 갈색이에요. 그러자 그 사람이 물을 내 머리에 바르고 나를 어머니에게 도로 주었어요. 우리가 집에 갔을 때 아버지는 나를 안고 “이제 너를 작은 ‘복이’라고 부르마.”라고 말했어요. 그 말은 “축복”이란 뜻이에요. 할머니도 오늘 나를 많이 안아주시며 “하나님이 주신 복이(하나님이 주신 축복)”라고 말했어요. 참말로 그건 “계집애”나 “섭섭이”라고 불리는 것보다 훨씬 좋아요.

4. 금빛 십자가 밑에

"폴린, 잠깐만!" 소녀가 몸을 돌려 말을 건 사람 쪽을 바라보았을 때 소녀의 긴 눈썹이 약간 들렸다. 보지 못하는 눈에서는 어떤 지능의 빛도 반짝이지 않았다. 머리를 재빨리 돌리는 동작과 섬세한 입가에서 변하는 표정만이 그녀가 듣고 있음을 말해주었다.

"폴린, 오늘 수업 다 끝났니?"

"네, 의사 선생님 모두 되었어요." (많이 사용되는 조선말 표현)

"아이들이 잘 했어?"

"꽤 잘 했어요. 하지만." 소녀는 잠시 머뭇거렸다. "책이 더 있었으면 더 잘 했을 텐데. 불평해서 죄송해요, 부인. 하지만 얼마 안 되는 책으로 모두 같이 공부하려니 참 힘들어요. 모두 너무나 잘하는데."

“그래, 알고 있다.” 선교사 의사는 한숨을 쉬었다. “하지만 기다려야 해. 책을 만들 돈이 지금 없단다. 그리고 내가 늘 바쁘니 점자 독서법을 아는 사람이 있으면 좋겠구나. 하지만.” 선교사는 좀 더 희망적인 어투로 말했다. “네가 다 배웠으니 다른 아이들도 곧 배우게 될 거야. 새로운 조선 땅에 좋은 것들을 가르치는 큰 사역을 위해서 주님께서 우리에게 주시는 교훈은 인내심이야. 우리가 서둘러야 하지만 주님은 일할 사람과 재료가 부족한 것을 아셔. 그리고 우리는 조선의 농아 학교뿐만 아니라 맹아 학교를 짓는 일에 주님의 도우심을 기다릴 거야. 주님의 일이니 반드시 잘 될 거야.”

“하지만 얘야. 바쁘다면서 내 이야기만 늘어놓느라고 너한테 남부 구역으로 출장 가는데 따라갈 건지 물어보지도 않았구나. 내가 어떤 지부를 방문하러 가야 하는데 내일 새벽에 출발할 거야. 폴린, 네가 같이 가겠다면 너를 데려가기로 했다. 힘든 여행이고, 가마를 타고 갈 거지만 길이 험해서 피곤해질 거야. 어때, 같이 가겠니?”

“어머, 의사 선생님, 고맙습니다. 물론 가지요. 참, 그런데 그곳은 분아와 찬이의 집 근처이잖아요!”

“그래, 시간이 있으면 그 아이들 부모를 방문할 거야. 네가 없는 동안 학급을 맡을 사람을 알아 봐. 프루던스가 할 수 있을 거야. 폴린, 책 한 두 권쯤 가지고 가렴. 여행 하느라 공부를 피해 보면 안 되니까. 5일

정도 자리를 비울 테니 다른 의사 선생님께 이곳 일을 부탁해야겠다. 가서 아침 6시에는 출발할 수 있도록 준비해. 그리고 폴린, 문지기를 나한테 보내. 우리 짐을 싣도록 가마꾼과 마부를 불러 와야 하니까."

"네, 네, 선생님." 의사가 몸을 돌려 서재로 들어갈 때 소녀는 대답했다. 눈 먼 소녀가 손을 뻗은 채 화살처럼 똑바로 방을 나서서 평양 여성병원의 에디스 마가렛 기념 어린이 병동으로 향한 홀을 지나가는 모습은 거의 앞이 보이는 사람처럼 보였다. 두 번째 홀을 지나면서 소녀는 작은 한숨을 쉬었다. 나지막한 고통의 신음 소리가 억지로 참는 웃음소리와 섞여서 그녀에게 들려오면서 그 시점에 그 병동에 누워 있는 사랑스런 조선의 아이들의 기분이 어떠한지 말해주었다. 어떤 아이들은 약으로도 고통을 덜 수가 없어서 잠을 자면서도 무의식적으로 신음소리를 내고 있었다. 건강이 더 좋은 아이들은 음식, 보살핌, 사랑을 받은 아이들이 그러는 것처럼 웃고 있었다.

"어쩜. 선생님이 어떻게 오늘 일을 다 마치고 내일 출장을 갈 수가 있을까? 내가 도와드릴 수 있으면 좋을 텐데. 아! 정말 우리에게 얼마나 잘해주시는지! 이렇게 할 일이 많으신데 왜 우리처럼 눈멀고 귀 먹은 사람들을 거둬들이셨는지 모르겠어. 그래, 내가 공부를 열심히 해서 어린아이들을 가르치고 많이 도와드려야지. 참, 아이들에게 가서 내가 선생님과 같이 갈 거라는 걸 알려줘야지."

“분아, 찬이.” 그녀는 낯익은 방으로 들어서면서 소리쳤다. “얘들아! 내일 선생님과 함께 너희 집 근처로 내려갈 거야. 너희 집에 갈지도 몰라. 너희도 가고 싶어?”

“아니.” 그녀의 부름을 받고 온 두 맹인 소녀는 한 목소리로 대답했다. “우리는 안 가. 방학 때 가도 충분해. 고맙지만 우리는 괜찮아. 어머니와 아버지께 우리가 여기서 잘 지낸다고 전해 줘.”

“그리고 있잖아, 언니.” 찬이가 가까이 다가서며 작은 소리로 말했다. “우리 부모님에게 부적을 넘겨 달라고 해 봐. 부모님이 예수를 믿으시긴 하는데 귀신에게 바치는 제물을 부수는 건 좀 겁이 나시는가 봐. 의사 선생님이 하신다면 허락하실 거야. 의사 선생님께 한번 말씀드려 봐.”

“물론이지. 내가 말씀 드릴게.” 폴린이 차분하게 대답했다. “부모님이 언제 세례를 받으시지?”

“지금부터 4개월 후에 우리가 방학 때 집에 가면.” 또 언니인 분아가 말했다. “물론 부적을 없애버리지 않으면 목사님께서 세례를 안 주실 거야. 하지만 우리가 기도하면 의사 선생님과 언니가 그 일을 할 수 있을 거야.”

“알았어. 난 이제 프루던스를 만나고 준비를 해야 돼. 곧 저녁 시간이 될 거야. 다른 애들에게도 우리 출장 간다고 말해 줘.”

아이들이 이 일을 처리하는 동안 그 아이들에 대해 좀 더 살펴보아
야겠다. 폴린은 17세였다. 그녀는 5년 전에 전도부인이 평양병원의 H
박사님께 데려왔다. 믿지 않는 부모 밑에서 태어나 어릴 때부터 눈이
먼 그녀를 부모는 무당에게 팔아버리려고 했고 그건 조선에 사는 맹
인 소녀에게 허락된 유일한 삶이었다. 바로 그때 사람들이 딸을 선교
사에게 주어버리라고 설득했고, 전도부인이 평양병원 부속으로 맹인
학교를 시작한 H 박사님에게 그녀를 데려왔던 것이다. 폴린은 항상
사랑받는 아이였지만 한 가지 결점이 있었다. 몇 년 동안 알 수 없는
두려움이 그녀를 가끔 사로잡는 것 같았다. 입학한 지 일 년 후 개종한
그녀는 진실한 크리스천이었지만 "보지 못하는" 사람들에 대해 날 때
부터 들어온 이상한 말들이 그녀를 괴롭혔다. 그들이 장님이 된 것은
무당으로 귀신을 잘 섬길 수 있도록 "귀신"이 그렇게 만들었기 때문
이라는 것이다. 장님들은 앞을 보지 못하기 때문에 자유로운 마음으
로 귀신을 잘 섬길 수 있을 거라는 것이 이유였다. 물론 폴린은 이것을
믿지 않았지만 12년 동안 앞을 보지 못하는 이 소녀에게 "귀신"은 아
주 생생하게 느껴졌다. 5년 동안 예수님이 더 가까이 다가왔지만 오래
된 이상한 생각이 가끔 그녀를 괴롭혔고 그때마다 이 선량한 의사 선
생님은 생명의 말씀으로 그녀를 달래고 진정시키면서 이 소녀와 많은
이야기를 나누었다. 폴린은 그런 식으로 성장해왔다. 그녀는 타고난

명석함으로 공부를 계속하여 이제 조선의 평양 선교회 소속의 여자고 등학교 2학년을 마치게 되었다. 그리고 그녀는 하루에 두 시간씩 후배들을 가르쳤다. 의사 선생님과의 대화는 19_년 4월 어느 월요일에 두 시간의 공부가 끝날 즈음에 오간 것이다.

다음날 아침이 밝아왔고 감리교 감독교회의 여성부 산하 병원으로 사용되는 나지막한 전통 가옥 문 밖에는 네 명의 가마꾼들이 땅에 쪼그리고 앉아 기다리며 곰방대를 빨면서 졸린 목소리로 이야기하고 있었다. 바로 옆에는 의사 선생님과 폴린의 음식과 침구를 갈색 등에 바짝 동여맨 조랑말이 서 있었다. 코가 짧은 끈으로 말뚝에 매여 있는 조랑말은 이렇게 일찍 차비를 하고 일을 하게 된 데 대한 불편한 심기를 짐과 조랑말을 부리는 15세 난 마부에게 사나운 발길질을 해댐으로써 표출하고 있었다. 그러나 마부는 이 발길질하는 "수화물차"의 앞쪽에 서 있어야 된다는 걸 알고 있었으므로 발길질은 아무런 소용이 없었다.

문이 열리고 의사 선생님과 폴린이 나타났다. 병원의 수간호사는 소녀를 가마로 인도하여 타는 것을 도와주었고, 명랑한 말투로 잘 다녀오라고 격려해주었다. 의사 선생님은 가마꾼들에게 십여 가지 지시를 했고 언제나 화가 나 있는 조랑말이 마침내 두 번의 발길질을 함으로써 행렬은 출발했다. 언덕을 넘고 평평한 시골길을 지나서, 가끔은 삼림 근처의 솔밭길 사이와 물이 넘쳐나는 좁은 논길을 거쳐서 가마꾼들은 확실하고 꾸준한 발걸음으로 계속해서 뛰어갔다.

한번은 가마꾼들이 쉬려고 멈춰 섰을 때 의사 선생님이 소녀의 손을 잡고 그들이 여행할 길 위로 그녀를 인도했다. 검고 흰 색의 큰 새들이 짝을 찾는 날카로운 소리를 내며 이 나무에서 저 나무로 날아다녔고, 이상한 미지의 백인 여자가 자신이 돌보는 소녀를 인도하는 것을 바라보았다. 날씨는 상쾌했고 소나뭇가지를 스치는 부드러운 바람은 건강한 내음을 담아 불어왔다. 하나님이 만드시고 의도하신 것처럼 땅 위의 모든 것이 평화로웠다.

소녀는 이 여행이 형언할 수 없을 정도로 기뻤다. 바람의 향기, 새소리, 흔들리는 나뭇가지의 노래, 심지어 가마꾼들이 자리를 바꿀 시간이 되었다고 서로 말하는 이상한 외침을 포함해서 모든 것이 딴 세상 같았다. 자신이 그토록 사랑하는 의사 선생님이 자기의 팔을 잡고 자신을 앞으로 인도할 때 소녀는 수줍은 듯이 말했다.

"선생님, 이 모든 것을 만드신 하나님은 참으로 위대해요. 그리고 우리 맹인들을 보살펴 주시는 선생님 나라의 사람들은 또 얼마나 착한지요. 돈도 많이 들지만 단지 돈 문제가 아니라 그분들이 우리를 사랑한다는 거예요. 있잖아요. 저번에 R 선생님이 저에게 작은 금배지를 보여주셨어요. 손으로 만져보니 둥근 지구 위에 십자가가 서 있고 글

자를 더듬어보니 여성해외선교회라고 쓰여 있었어요. R 선생님 말로
는 여기 계신 모든 분들이 그 선교회의 파송을 받으셨다고 하더군요.
세상의 모든 사람이 예수님의 십자가 밑에 하나로 모이는 건 너무 좋
은 것 같아요."

"그렇단다. 우리 모두, 조선 전체와 모든 바다의 섬들까지."라고 의
사 선생님은 큰 소리로 말했지만 속으로는 이렇게 물었다. "오 하나
님, 이렇게 되기까지는 얼마나 더 오래 있어야 하나요?"

하지만 소녀는 계속해서 말했다. "선생님, 말해 주세요. 어떻게 해
서 우리 같은 맹인과 청각장애자들을 돌보시게 되셨어요? 침실과 교
실로 사용할 공간이 병동밖에 없는데도 우리를 위해 너무나 많은 걸
해 주셨어요. 환자들이 너무 많아 침대를 모두 사용해야 할 때는 가끔
비좁긴 한데 끼어서 자는 것도 재미있어요. 바닥에서 함께 끼어서 자
는 것도 그렇게 나쁘진 않지만……. 자, 거기까지만 할게요. 걱정만 끼
쳐드릴 뿐이니까. 불평하려는 건 정말 아니에요. 이대로도 너무나 행
복해요. 선생님이 우리를 사랑하시니까 선생님과 함께 있는 것만으로
도 너무나 행복하다는 것 아시잖아요. 그거 아시죠, 선생님?"

"그래, 폴린. 네가 불평하는 게 아니고 날 사랑한다는 걸 안단다. 하
지만 십자가 밑에 작은 금빛 지구 모양의 배지를 표방하는 선교단체
의 사정을 설명해야겠구나. 두 개의 학교는 모두 친구들에게 받은 돈

학교의 맹인 소녀들, 1909년.

으로 내가 시작한 거야. 선교단체 회원들은 후원할 곳이 너무나 많아서 너희 학교와 장애인 학교의 교사校舍 건축을 자신들의 정규 사업으로 지원할 만큼 자금이 충분하지 않았어. 하지만 지금까지 그 일은 계속되어 왔고, 이제는 너희 학교가 정규 예산의 일부로 포함이 되어 실제로 그 금빛 세상의 일부가 된 거야."

"나는 두 학교를 특별 후원금에만 의존하는 독립된 학교로 만들고 싶지 않았어. 왜냐하면 내가 송환이 될 경우, 다른 사람이 자금을 충분히 끌어오지 못할 수도 있고……."

"그렇다면 선생님," 하고 소녀는 말했다. "우리와 장애학교 학생들은 R 선생님이 제게 만져보게 하신 배지가 대표하는 선교회의 소속이 된 거군요? 독자적인 건물은 없지만요."

"그렇고말고, 폴린. 그리고 그분들은 너희를 사랑하여 최선을 다하고 있단다. 건축 비용은 아직 오지 않았지만" 이라고 한 후 의사 선생님은 더 쾌활하게 말했다. "우리가 기도하고 바라고 기다린다면 올 거야." 눈먼 폴린의 얼굴이 그렇게 밝지만은 않았다. 누군가 뭔가를 하지 않는다면, 기도하고 바라고 기다리는 것이 어떻게 돈을 가져올 수 있을까 이해가 되지 않았던 것이다.

하지만 그녀는 대답했다. "우리 동포들은 우리를 두려워하고 나쁜 귀신이 들었다고 생각하고 사랑하지도 않는데 그분들은 우리를 이런 식으로 도와주시니 틀림없이 우리를 사랑하시는 것 같아요. 그래요." 그리고 천천히 말했다. "그분들이 우리를 사랑한다는 것, 그건 엄청난 일이며, 가장 중요한 일이에요. 사랑받고 보살핌을 받는 게 얼마나 좋은지는 눈멀고 귀먹고 말 못 하는 사람들만이 안답니다. 성한 사람들은 절대로 사랑받는 게 뭔지 눈먼 사람만큼 알 수 없어요. 하나님만이 아시겠죠. 제 마음이 얼마나 사랑을 원하는지 하나님이 아시고 관심을 가지고 계시다는 것, 제가 어렸을 때 선생님이 말씀해 주신 거 기억나세요?" 의사 선생님은 고개를 끄덕이다가 그 동작을 폴린이 볼 수 없다는 걸 깨닫고 부드럽게 대답했다. "물론 기억하지." 소녀는 의사 선생님의 손에 자기 손을 넣고 약간 꼭 잡으며 말했다. "이제 저는 분명히 알아요. 제 마음에 말씀하시거든요."

다시 가마를 탄 후 여행은 끝이 났고, 마을에 도착해서 이틀 밤과 낮을 묵은 후 셋째 날이 되었다. 폴린은 신기한 눈으로 자기를 바라보는 믿지 않는 자들 앞에서 작은 손풍금을 연주하고 찬송을 부르고 읽기와 산수 실력을 자랑했다. 그리고 이제 우리의 친구들은 분아와 찬이의 부모님 댁에 앉아 있다.

의사 선생님은 환히 웃고 있었고 폴린의 얼굴도 빛이 났다. 의사 선생님의 손에는 작은 삼베 주머니가 들려 있었다. 그건 가로 세로가 12×6 인치로 조선의 베개 크기였다. 그건 삼베에다 쌀을 가득 넣고 꿰

맨 것으로 약 1년 전 집안의 귀신들에게 마지막 제사를 지낼 때 바친 것이었다. 그건 성스러운 장소에 놓여 있었고, 분아와 찬이의 연로한 부모님은 두려워서 그걸 없애거나 남에게 주지 못했다. 의사 선생님은 또 옷감으로 사용되는 삼베 조각을 들고 있었다. 그것도 집안의 사당에 놓여 있었다. 귀신도 영계에서 옷이 필요한데, 그건 보통 크기의 귀신에게 저고리를 해 줄 만큼의 최고급 옷감이었기 때문이다. 하지만 우리는 이런 것들은 거침없이 파기한다. 의사 선생님이 말하고 있었다.

"이제 우리는 다시 한 번 이 모든 것에 대해 예수님께 말씀드리고 이걸 가져다가 사용할 거예요. 당신들은 상상 속의 귀신을 모두 정복했고 악을 두려워할 필요가 없어요. 예수님이 함께 계시니까요." 의사 선생님은 간절히 기도하면서 "내가 너를 떠나지도 버리지도 않으리라" "내니 두려워 말라"라고 말씀하신 그분께 부모님들을 맡겨드렸다.

그들이 자리에서 일어설 때 찬송 소리는 승리에 차서 더 커졌고, 폴린의 강하고 맑은 목소리는 의사 선생님의 부드러운 목소리와 부모님의 떨리는 소리 위로 높이 솟아올랐다.

나의 죄를 씻기는
예수의 피밖에 없네.

그 집을 떠나면서 의사 선생님은 예수의 피를 통해 가장 큰 선물인 평화를 선사받은 두 사람의 얼굴을 돌아다보았다. 그 평화는 그들이 예수님을 믿는 한 결코 떠나지 않을 것이다.

하지만 우리는 발걸음을 재촉해야 했다. 안식일이 다가오고 있고, 그들은 집을 향해 출발했기 때문이다. 많은 신자들이 작별인사를 했고 곧 다시 방문해 달라고 간청했다. 그날 밤 잠자리를 준비하면서 폴린이 소리를 질렀다. "어머, 선생님, 분아네 집에 베개를 놓고 왔어요." 그들이 묵어야 하는 전통 여관에는 깨끗한 베개가 없었기 때문에 이건 정말 난감한 일이었다. 운 나쁜 폴린은 꼼짝 없이 베개 없이 잠을 자야 할 신세였다. 바로 그때 의사 선생님에게 좋은 생각이 떠올랐다.

"폴린" 하고 선생님이 외쳤다. "분아의 부모님이 주신 쌀자루를 가져와. 귀신에게 바치는 물건 말이야. 그게 바로 베개 크기잖아. 그렇지 않아도 나는 가는 길에 그 쌀로 밥을 해먹을 생각이었어. 그러니 오늘 밤에는 거기다 수건을 덮어서 사용하고 속에 있는 쌀은 내일 먹자. 그러면 그 속에 있는 귀신들이 아무도 괴롭히지 않을 거야." 유일한 귀신, 즉 영혼을 파괴하는 사탄을 무찌르는 데 있어서 "하나님과 함께 일하는 자"가 된다는 기쁨에 그녀는 이 말을 하면서 크게 웃었다. 그러나 폴린은 이에 대해 침묵으로 대답할 뿐이었다.

폴린은 알 수 없는 두려움이 오락가락하는 예전의 그 이상한 표정으로 꼼짝 않고 서 있었다. 과연 그 일을 할 수 있을까? 의사 선생님은 어린 시절의 가르침이 다시 한 번 그녀의 삶에 영향을 미치고 있음을 즉시 알아차렸고 자신의 제안을 철회하려다가 왠지 잠시 기다리는 것이 좋겠다는 생각이 들었다. 침묵은 깊었다. 폴린은 허공을 응시하다가 숨이 막히는 것처럼 헐떡거렸다. "할 수 없어요. 할 수 없어요, 선생님."이라고 말하고 그녀는 휘장이 쳐진 방구석으로 도망갔다. 커튼 뒤에 숨어서 그녀는 다시 한 번 침묵했다. 걱정이 된 의사 선생님은 그녀를 부르며 말했다.

"폴린, 괜찮아. 안 그래도 돼." 그래도 여전히 대답이 없었다. 한 시간이 지나갔다. 커튼 뒤에서 마음속에서 요동치는 깊은 갈등을 겪으며 무릎을 꿇은 소녀는 아무 소리도 내지 않았다. 우리가 누구이기에 미신적인 두려움 속에서 하나님께 다가가려고 하는 한 영혼의 내적인 영역에 침범할 수 있단 말인가?

"예수님, 거기 계신가요?" 가녀린 소녀의 마음은 울부짖었다. "예수님을 사랑하지 않는다는 게 아니에요. 하지만 전에 귀신에게 바쳤던 이 자루를 볼 수가 없어요. 그걸 볼 수도 없고, 그게 무섭고 만지고 싶지도 않아요. 하지만 해야 하는 거죠. 해야 하는 거 알아요." 메마른 흐느낌이 지친 소녀의 몸을 흔들었다. 많은 이미지들이 눈앞을 지나갔다. 사탄은 안간힘을 썼으나 천사들이 지켜보고 있으니 이길 수가 없었다. 폴린은 갑자기 기쁨의 울음을 터뜨리며 커튼 사이로 더듬거리며 나왔고 그것을 바라보던 선교사 의사는 그녀가 승리를 거두었음을 알았다.

"괜찮니, 폴린?"

"네, 선생님. 주머니를 주세요. 두렵지 않아요." 그리고 그녀는 전에 귀신의 제물이었던 베개를 베고 단잠을 잤다. 더 좋은 일은 다음날 그녀 자신의 간청에 의해 쌀을 주머니에서 꺼내 밥을 짓고, 밥이 다 된 다음에는 그것을 웃으면서 먹었다는 사실이다. 저녁 식사 후 그녀는 삼베 조각을 달라고 해서 새로 학교에 들어온 불쌍한 맹인 소녀의 저고리를 혼자 힘으로 만들어 주겠다고 했다. 그리고 그것을 해내고 말았다. 하지만 귀신에게 바치는 제물이 그녀에게 단지 한 자루의 쌀과 헝겊 조각이 되기까지 이교도로 태어난 맹인 소녀가 치러냈던 싸움의 대가를 누가 말로 설명할 수 있으리. 그들이 돌아온 다음 의사 선생님은 그 일에 대해 단 한 번만 언급했다.

"폴린, 일전에 네가 무서워할 때 왜 내게 도움을 청하지 않았니?"

"선생님께 기대지 않고 영원히 정복하고 싶었기 때문이에요. 기도하기 전에는 할 수가 없었어요. 그리고 선생님께 주머니를 달라고 하기 전에 저는 보았어요." 그녀의 목소리는 꿈꾸는 듯이 나지막하게 변했다. "선생님, 저는 예수님이 금빛 세상 위에 달린 금빛 십자가를 가리키는 걸 보았어요. 그리고 예수님이 세상을 정복하셨다는 걸 알았어요. 저도 금빛 십자가 밑의 금빛 세상에 사는 사람 중의 한 사람인 거죠. 그렇지 않나요, 선생님? 예수님을 위해, 예수님과 함께 정복하는 것, 그것 때문에 여기 있는 우리들과 저곳에 있는 선생님의 사람들이 금빛 십자가 밑 금빛 세상의 배지 속에서 하나로 뭉칠 수 있는 거죠. 예수님과 하나가 되는 거예요. 나도 예수님을 위해, 예수님과 함께 항상 승리할 수 있도록 열심히 노력해서 선생님과 함께 당당히 금빛 십자가 밑 금빛 세상의 일원이 될 거예요."

의사 선생님은 목이 메었다. 그녀는 기쁨에 뛰는 가슴으로 마침내 대답했다. "축복한다, 애야. 바로 그거야. 예수님을 위해, 예수님과 함께 승리하는 것, 그것이 그분이 우리에게 분부하신 거야. 내가 너의 나라에 선교사로 온 것은 바로 그런 의미에서야. 내가 너를 가르치는 동안에도 나는 그분을 위해 어떻게 승리할 수 있을까를 배우고 싶었어. 어떻게 하면 죽어가는 세상에서 그분의 십자가 밑에서 일할 수 있는 사람이 될 수 있는가를." 그리고 위를 쳐다보면서 의사 선생님은 마음속으로 하나님께 말했다. "그렇지만 주님, 지금까지 주님 보시기에 좋았다면 좀 더 참아주시기를 기도합니다. 사랑하는 미국에 있는 모든 고국 사람들이, 바다의 모든 섬에 있는 외국 사람들이, 금빛 십자가 밑 금빛 세상이 상징하는 역사 속에서 한데 뭉칠 때까지. 날이 밝고 어둠

이 물러갈 때까지 우리를 한데 묶어주소서." 조선 평양에 사는 눈먼 소녀와 함께 남쪽 지역을 방문한 이후 의사 선생님의 마음은 훨씬 가벼워졌고 사역은 더 밝아졌다. 그녀가 내게 말해 주었기 때문에 나는 그 사실을 안다.

5. 조선의 왕자에 지나지 않아

겨울이었다. 도시의 거리는 눈에 덮여 햇빛에 반짝이고 있었고, 가옥들의 우중충한 외관은 큰 눈에 덮여 마치 마술처럼 눈부신 백색으로 변했다. 큰 눈은 도시나 농촌 할 것 없이 아름다운 옷을 선사했다. 그 도시는 오랫동안 "은자의 왕국"이라고 알려진 작은 나라의 수도였다. 도시의 이름은 "경성"이고, 나라의 이름은 조선, 혹은 옛날 사람의 명칭대로 하자면 고요한 아침의 나라였다. 독특한 모습의 흰옷 입은 백성들이 사는, 이상한 초가집 혹은 기와집들이 있는 이 오래된 도시에 대해 재미있는 이야기를 많이 할 수 있겠지만 오늘의 이야기는 그 나라의 이야기도, 도시의 이야기도, 전체 백성에 대한 이야기도 아니다. 9년 전인 주후 19_년 12월 24일에 조선의 궁궐에서 조선 황제의

자손으로 태어난 어린 소년에 대한 이야기이다. 이 어린 왕자가 오늘이 19__년 12월 24일이라는 것을 알고 있었다는 이야기는 아니다. 그는 예수를 믿지 않는 나라에서 태어났기 때문에 주님의 탄생을 기점으로 연도를 따지는 것에 대해 전혀 몰랐다. 그는 그날 상당히 기분이 좋지 않은 상태였다. 그날은 정말 운수가 사나웠다. 사방이 온통 눈에 덮였지만 그에게는 이 방 저 방을 돌아다니는 것과 담장 안쪽에서만 외출하는 것만이 허용되었다. 물론 그의 특별 수행원인 세 명의 관리들이 늘 수행을 했고 그들은 계급에 따라 화려한 비단옷을 입고 있었다. 그들은 성가신 존재였다. 가끔 더 많은 수행원이 있을 때도 있지만 그를 항상 돌보는 세 명의 사내들은 어쨌거나 거추장스러운 존재였다. 그들은 그가 담장 가까이에 가기라도 하면 초록색 비단 "두루마기"가 눈에 젖는다고 말했고, 그가 길을 벗어나기라도 하면 비단 신발을 버린다고 말했다. 왕자가 된다는 건 귀찮은 일이었다.

그가 사저의 대문을 지나 바로 옆 마당으로 가도록 허용된 적이 있었다. 특히 미군들이 그곳에 주둔하여 그에게 풋볼을 가르쳐 주던 때는 정말 재미있었다.

선교사의 아들인 미국인 소년이 거기 살고 있을 때에도 좋았다. 참! 그가 혼자서 막 뛰어다니다 눈과 진창에 넘어지면서도 일어나서 웃으며 툭툭 털어버리고 신나게 시간을 보내는 걸 보며 얼마나 부러웠던

지. 그런데 그건 다 지난 일이다. 다른 나라가 조선으로 들어온 후 사저의 대문은 닫혔고, 그의 산책은 몇 달 전 궁궐을 태웠던 화재가 있은 후 황실 가족이 살고 있는 건물 주변의 마당으로 한정되었다.

도시의 건너편에는 또 다른 궁궐이 있었고 왕자는 그곳이 가장 좋았다. 그러나 궁궐의 입구를 지키는 용감한 용 모양의 석상은 공연히 사나운 표정만 짓고 있을 뿐이었다. 왜냐하면 관리인을 빼고는 그곳에 아무도 살지 않고 있었기 때문이다. '내가 황제라면 얼마나 좋을까, 그러면 거기 살면서 마음대로 할 텐데.' 하고 왕자는 생각했다. 그렇다고 아버지나 그의 형인 왕세자가 죽기를 바라는 건 아니었다. 절대 아니다. 그랬다가는 그들이 죽을지도 몰랐다. 그건 오늘날 그에게 도움이 되지 못했다. 그는 뭔가 새로운 것을 원했다. 그는 모든 게 싫증이 났다.

왕자는 가구와 걸개 장식품으로 가득 찬 방들을 우울하게 이리저리 돌아다니다가 마침내 넓은 베란다로 나와 주위를 둘러보았다. 그 방들에는 가구와 걸개 장식품들이 가득했는데, 대개 동양의 물품이었으나 그렇지 않은 것도 일부 있었다. 담장 너머 길 건너의 작은 언덕 위에는 "이화 학당(여학교)"이라고 알려진 벽돌 건물이 있었다. 선교회 소속의 그 학교에서는 매년 2백 명 이상의 학생이 이방종교로부터 구원을 받아 행복의 길을 배우고 있었다. 왼쪽에는 옛날 궁궐을 대신하기 위해 건축되는 새 궁궐의 높은 벽이 올라가고 있었다. 궁궐 뒤편에는 남산이라고 알려진 산이 거대한 머리를 치켜세우고 있었다. 그러나 어린 왕자는 이런 것이 안중에 없었다. 그는 한눈에 볼 수 있는 작은 마당, 즉 행복한 선교사의 아들이 살았고 풋볼의 추억이 있는 곳을 향해 오른쪽으로 사랑스러운 눈길을 돌렸다.

관리 중 한 사람이 그의 어깨를 건드리며 바깥 날씨가 춥다는 것을 상기시켰다. 어린 왕자는 상을 찌푸렸다. "추우면 당신이나 들어가." 하고 그는 말했다. 그리고 참지 못하겠다는 듯이 뒷머리를 비틀어 리본으로 바짝 묶은 다음 잽싸게 돌담으로 달려가 꼭대기에 덮인 눈을 쓸어내고 새로 지은 "조선 귀족 집안 젊은 기혼 여성을 위한 특별 학교" 마당을 말없이 들여다보며 서 있었다. 이 학교의 교장은 미국 출신의 부인이었다. 이곳은 학교의 용도로 사용하도록 황제가 임대해 주었으며, 황제는 궁궐 바로 옆의 마당도 선교사들이 차지하도록 기꺼이 허락했다. 그것은 보안상으로 아주 좋은 결정이었다. 이 외국인들은 자신들의 일에만 신경을 썼고 해를 끼칠 일이 없었다. 미국 군인들이 본국으로 돌아갔고 그 전에 그곳에 살던 사람도 가족과 함께 도시 반대편의 새 집으로 이사를 했기 때문에 학교를 그곳에 두는 것은 마음이 놓이는 일이었다.

그러나 우리는 아직도 이리저리 방황하고 있다. 어린 왕자는 심술이 잔뜩 난 "개인 수행원"들을 뒤에 거느리고 추위에 서 있다. 세 명의 남자와 세 명의 여자로 구성된 이 수행원들은 왕자가 자기 아들이라면 때려주겠다는 생각을 속으로 했다. 하지만 그가 자기 아들이 아니라 왕자였기 때문에 얼굴을 찌푸리면서 약간 투덜대는 것 외에는 아무 것도 할 수 없었다. 하지만 그것도 큰 소리로 하지 못했는데, 어린 세자께서 마음만 먹으면 그들을 궁궐에서뿐 아니라 지상에서 영원히 쫓아낼 수 있기 때문이었다.

그러나 우리의 어린 왕자께서는 이 사람들을 생각하고 있지 않았다. 그는 다른 것을 생각하느라 바빴다. "내가 '예수 탄일날'에 대해 들은 게 뭐였더라?" 그건 1, 2년 전 사내아이들끼리 속에 있는 이야기를 서로 나누는 과정에서 선교사 아들이 이야기한 내용이었다.

그날은 매년 이맘때쯤 다가왔다. 모든 "예수"꾼들은 거기에 대해 알고 있었다. 그때는 예수교회에 다니는 아이들은 신나는 시간을 보냈다. 그렇다면 왕자인 그는 왜 그런 신나는 날을 보낼 수 없단 말인가?

그런 생각을 하는 동안 돌담이 그의 팔 밑에서 점점 차갑게 느껴졌다. 뒤에서 그를 주시하는 수행원들이 투덜대자 그는 행동을 취하기 시작했다. "이보게들, 조용히 하게." 그는 왕자가 시종들에게 말할 때 늘 사용하는 말투로 말했다. "잘 듣게. 내가 부인과 이야기를 하고자 하니 지금 저 마당을 가로질러 가는 행랑아범을 불러주게." 그는 가장

웅장한 용의 석상.

큰 목소리를 소유한 가장 큰 몸집의 관리에게 말했다.

어쩌면 여러분은 "마당"이 뭔지, "행랑아범"이 어떻게 생겼는지 모를 것이다. 외국 선교사 부인의 중요한 심부름으로 종종 걸음을 하는 흰 옷 입은 행랑아범을 부르기 위해 큰 덩치의 관리가 목소리를 높이는 동안 이것을 서둘러 설명해야겠다.

조선에서 "마당"이라는 것은 건물이 한 채 혹은 그 이상 지어진 대지를 말한다. 이곳은 높은 돌담으로 둘러져 있고, 한 개의 대문이 먼지나 개 혹은 호기심 있는 보행자들이 있는 거리로부터 그곳을 차단한다. 가난한 집안에서는 마당이 옥수숫대 담장으로 둘러쳐져 있지만 어쨌든 모두 "마당"이 있다.

"행랑아범"은 출입문 옆 담장에 지어진 집에서 가족과 함께 사는 남자이다. 그가 하는 일은 여러 가지이다. 그는 모든 집안사람들의 하인이지만 대개 가장 중요한 사람의 하인 노릇을 한다.

몸집이 큰 관리가 내는 소리를 한번 들어보라. "여보오! 여보오!" (이봐요! 이봐요!) 마지막으로 외치는 소리를 듣고서야 행랑아범은 놀라서 고개를 들었다. 겁이 나서 죽을 지경이지만 담에서 자신을 내려다보고 있는 황실의 일행을 감히 무시하거나 불순종할 수는 없다. "네, 네."라고 그는 대답하고 한순간에 자기 쪽 담으로 와서 어린 왕자와 관리들을 올려다보며 섰다.

어린 왕자는 재빨리 말했다. "이봐라. 가서 너의 주인인 외국 부인을 불러다오."

"네, 네. 그리 하겠습니다, 세자 저하."라고 대답하고 그가 부들부들 떠는 발걸음으로 종종걸음 치며 멀어져 갈 때 그의 나막신(비나 눈이 올 때 신는 신발)이 얼어붙은 딱딱한 길에 달가닥거렸다.

일행이 부인을 기다리는 동안 세 여자 중에서 나이 든 여자가 날씨가 춥다고 왕자께 간언했다. 하지만 왕자는 솜을 댄 옷을 입었기 때문에 춥지 않다면서 그녀에게 잠자코 있으라고 말했다. 그녀는 이의를 제기하려 했지만 왕자가 상관 말라고 단호하게 말했고 바로 그때 외국인 선교사 부인이 나타났다. 교사가 교실에서 입는 깔끔한 미국식 복장을 하고 어깨에 외투를 서둘러 걸친 자그만 몸집의 그녀는 보기에 아주 예뻤다. 그녀는 나이 든 수행원 여자에게 말이 아니라 상냥한 얼굴로 무슨 일이냐고 물었다. 같은 가족이 아니면 남녀가 서로 대화를 하지 않는 그 나라의 예법을 지킨 것이었다. 그러나 그건 어린 왕자의 마음에 들지 않았다. 부인이 자신의 나라 말로 말하는 걸 듣고 그는 그녀에게 "내게 말하시오. 물어볼 말이 있소. 우리말을 할 줄 아니 내게 직접 말하시오."라고 말했다.

그의 어조는 공손했고 언어는 예의 발랐다. 부인은 왕자에게 몸을 돌려 "네 네 저하, 조선말을 좀 할 줄 알지만 왕자님께 직접 말씀드리는 데 익숙지 않을 뿐 아니라 황실에서 사용하는 어법을 잘 모릅니다."라고 말했다.

"그건 괘념치 마시오. 상관없소." 그토록 알고 싶어 하는 내용을 배우고 싶은 열정에 검은 눈을 반짝이며 어린 왕자는 대답했다.

"부인, 잘 들으시오. 당신들의 큰 명절, 예수 탄일날이 언제요? 아, 그래, 나도 그 이름은 알고 있소." 부인의 눈에서 경이의 눈빛을 보고 그가 말했다. "그건 '예수 생일'이란 뜻이지. 그게 언제이며, 그날 교회에서는 뭘 하는지 빨리 말해 주시오."

"네, '예수 생일'은 내일입니다, 왕자님." 하고 부인은 매력적인 미소와 함께 말했다. "그리고 교회에서는 많은 것들을 합니다. 허락을 얻어 길 건너 '이화 학당' 옆에 있는 교회에서 우리가 성탄 축하를 하는 걸 보러 오실 수는 없을까요?"

소년의 얼굴이 어두워졌다. "안 되오."라고 그는 대답했다. "나는 왕자 신분이오. 이 나라의 다른 사내아이들과는 다르오. 궁궐 문 밖으로 나가 예전에 다니던 곳까지도 갈 수 없소. 하지만 '예수 생일'을 여기 당신 방에 하나 가져다 내게 보여 줄 수는 없겠소? 여길 봐요. (그녀의 창문 맞은편 공간까지 담장을 따라 가면서) 이봐요. 당신이 창문을 활짝 열면 내가 그 속을 볼 수가 있소. 내일 당신이 '예수 생일'을 거기 갖다 놓으면 나도 여기 서서 그걸 볼 수가 있소. 부탁이오, 부인. 나는 왕자라 ‘예수 생일’을 한 번도 경험해 본 적이 없소. 부인, 제발 내게도 한 번 보여 주시오.”

이 요청에 놀란 선교사는 한동안 대답을 하지 않았다. 갈색 눈이 간절히 자신의 눈을 바라보는 것을 느끼며 그녀는 재빨리 대답했다. “그건 절대로 안 될 말씀입니다. 저하께서 여기 서 계시기에는 너무 추워요. 병이 나실지도 모르고, 그뿐 아니라 ‘예수 생일’을 만들 재료가 제게는 없습니다. 교인들이나 관객이 필요하고, 또…….”

“그건 염려 말아요.” 지지 않으려고 애쓰며 이 어린 왕자는 말했다. “여기 교인들이 있지 않소.” 거창한 동작으로 손을 들며 그는 세 명의 거의 얼어붙은 남자 하인과 세 명의 여자를 끌어들였다. 그들의 불행하고 심통이 난 찌푸린 얼굴은 길 건너 교회의 ‘예수 교인’과는 아주 거리가 멀었다. 웃음을 참으며 부인이 말을 하려고 하자 소년은 애절한 목소리로 계속 말했다. “부인, 들어보시오. 나는 평생에 ‘예수 생일’을 한 번도 지켜본 적이 없소. 만약 당신이 내일 그걸 내게 보여 주지 않는다면 아마 나는 왕자이기 때문에 앞으로도 그럴 기회가 없을 것이오. 그런데 나는 다른 아이들처럼 ‘예수 생일’을 정말 경험해 보고 싶단 말이오.” 선교사는 간청을 뿌리칠 수 없었다. “저하, 두렵건대 제가 가진 재료가 거의 없지만 내일 뭔가를 만들어 보겠습니다.”

그녀가 막 돌아서려고 할 때 왕자는 다시 그녀를 멈춰 세웠다. “부인, 이상한 열매, 미국에서 온 열매가 열리는 '소나무'가 있다고 들었소. 나의 '예수 생일'을 위해 그 열매를 구해주면 하인들을 시켜 나무를 가져오게 하겠소."

"좋습니다." 하고 부인은 웃으며 말했다. "최선을 다하겠지만 지금은 들어가 봐야 합니다. 날씨도 춥고 바쁘거든요. 그럼 내일까지 안녕히 계십시오." 그녀는 서둘러 집안으로 들어갔고 왕자는 돌아서서 행복한 얼굴로 생각에 잠겨 자기 처소로 걸어갔다.

한편 내키지 않게 새로 급조된 시큰둥한 얼굴의 교인들은 각자 나름대로 앉아서 어린 주인의 분부만을 기다리고 있었다. 그들은 왕자가 방금 들어간 방 앞에 있는 멋진 융단에 두 그룹으로 쭈그리고 앉아 소근대는 목소리로 이야기를 하면서 슬픈 표정으로 고개를 가로 저었다. '이건 웬 해괴한 짓거리란 말인가? 조선의 왕자님인 그가 예수교인과 이야기를 해? 조상들이 했듯이 절에 가서 불공을 드리는 게 그의 유일한 종교적 의무가 아니던가. 신들이 노하셔서 궁궐에 재앙이라도 떨어지는 게 아닌가?'

"에이고, 에이고." 하고 그들은 한탄했다. "얼마나 어리석은 짓인지. 하지만 황후마마가 아니고서야 이 일을 어떻게 막을 것이며, 또 그 이야기는 누가 마마께 가서 할 거야?"

하지만 그들이 슬퍼하도록 잠시 내버려두고 시간을 앞당겨 다음 날 아침, 동트기 전으로 서둘러 가보자. 무척 추운 날씨였다. 동대문 너머에서 새로운 하루가 밤의 잠자리로부터 일어나기 위해 안간힘을 쓰고 있었다. 궁궐 문이 열리고 작은 소년이 그곳에서 나와 추위에 떨며 자신을 따라다니는 관리들을 이래라 저래라 명령한다.

"자네는 저리로 가서 저 멍청한 행랑아범을 부르게. 지금 빨리. 즉시 선교사 부인에게 가라고 해." 또 다른 하인에게는 "자네는 여기 서 있다가 부인이 문밖으로 나온 것이 보이면 재빨리 나를 불러."라고 말한다. 관리들이 맡겨진 일을 수행하는 동안 왕자는 졸린 표정의 세 명의 여인과 한 명의 심통이 난 사내를 대동하고 바깥채에서 기다린다.

선교사의 방문을 두드리는 소리가 그녀를 꿈나라에서 깨운다. "무슨 일인가요?" 그녀는 물었다.

겁에 질린 목소리가 대답한다. "부인, 왕자님과 수행원들이 담장에 와 계십니다. 왕자님께서는 '예수 생일'을 지금 당장 보고 싶다고 하십니다."

부인은 자리에서 일어났다. 동양에서 오래 살면서 그녀는 상당한 인내심이 생긴 것이다. 그녀는 서둘러 옷을 입고 나가 왕자님과 그의 "교인"들이 담장에 서 있는 걸 보았다. 날이 간신히 밝아 왕자의 밝고 열망적인 얼굴과 추위로 새파랗게 질리고 심술궂은 시종들의 얼굴을 겨우 분간할 수 있었다. 그녀는 웃으며 속으로 생각했다. "저런, 얼굴이 얼지 말았으면 좋겠네. 얼굴이 얼게 되면 흉할 텐데."

그녀를 보고 왕자는 단숨에 빠른 말투로 말했다. "아, 부인, 우리가 여기 왔소. 나무도 두 그루 준비했다오. 자, 부인, 이제 '예수 생일'을 보여주시오."

"왕자님, 안 됩니다. 기다리셔야 해요. 학생들을 위해 '예수 생일'을 준비하느라 자정까지 일했어요. 그래서 왕자님이 나무에 원하시는 이상한 열매를 찾을 시간이 없었어요. '일본인' 마을에 있는 가게에 가서 몇 개 살 수 있나 알아 봐야겠어요. 오늘 해가 중천에 떴을 때 다시 오세요. 오전 중에 할 수 있는 대로 준비할게요." 계속 미소를 지으며 부인은 행랑아범에게 관리들이 화가 나서 담 너머로 던져 놓은 두 그루의 4자 짜리 나무를 집어서 집 안으로 들여놓으라고 말했다. 내키지 않지만 여전히 얼굴에 열성적인 표정을 띤 채로 왕자는 "고맙소, 부인."이라는 말과 함께 돌아섰다.

아침 식사와 집안일을 끝내고, 아침 기도를 하고 학생들과 즐거운 선물 교환과 크리스마스 축하 시간을 가진 후, 부인은 말 대신 사람이 끄는 두 바퀴로 된 "인력거"라는 차량을 불러 달라고 행랑아범에게 부탁했다. 인력거에 그녀가 올라앉자 신이 난 인력거꾼은 그녀를 "일본인 타운"으로 모셔갔다. 일본인들이 사는 그곳에서는 가끔 외국 물건을 팔기도 했다. 한 시간 동안 찾은 끝에 그녀는 고작 네 개의 미국식 반짝이 장식, 모두 12개로 된 컬러 크리스마스트리 양초와 촛대 한 묶음, 가게를 재빨리 뒤져서 얻은 몇 가지 추가 장식품, 몇 개의 리본으로 묶은 오렌지와 감(조선의 가장 큰 과일 생산품)을 마련했다. 이로써 트리에 장식할 "열매"는 준비가 되었다. 그리고 여전히 겁에 질린 행랑아범이 아까 말한 소나무를 눈으로 다진 낡은 화분에 심은 후, 담장에서 가까운 유리창 옆의 테이블 위에 올려놓는 것으로 모든 준비가 끝났다.

태양이 궁궐 바로 위 지점에 도달하여 크리스마스트리가 기다리고 있는 창문을 즐거운 얼굴로 들여다 볼 때 궁궐 문이 활짝 열리면서 왕자가 담장으로 달려 나왔다. 관리들과 여인들은 여전히 심통이 나서 토라진 채 뒤를 따랐다. 행랑아범은 자신에게 맡겨진 임무대로 왕자가 나오기를 기다리고 있었다. 그는 달려 들어가 부인을 불렀고, 부인은 코트를 걸치고 머리에 스카프를 하고 따스한 장갑을 낀 후 창문을 활짝 열고 자신의 "교인"들을 즐겁게 맞이했다. 머리를 멋지게 땋고, 연녹색 비단 저고리와 연분홍 바지, 흰색 비단 장갑과 수놓은 신발로 의장을 갖춘 어린 왕자의 모습은 아주 아름다운 광경을 연출했다.

이제 절차는 질문으로 시작했다. "부인, '예수 생일'에는 뭘 하는지 우선 말해 주시오."

"네, 우리는 찬미도 하고, 기도도 하고, 설교도 합니다."

"나는 '기도하기'는 아는데 다른 건 모르오. 나를 위해 한 번 해 보시오."

재미있다는 표정이 선교사의 부드러운 얼굴에 떠올랐지만 그녀는 근엄한 표정을 지으려고 애쓰며 대답했다. "최선을 다해 보지요. 우선 나무를 장식해야 합니다."

그녀는 장식물을 트리에 달고, 촛대에 초를 꽂고, 오렌지와 감을 가지에 매다는 등 바쁘게 작업을 했다. 일하는 동안 그녀는 평화의 왕이신 예수와, 그의 탄생과, 모든 사람에 대한 그의 사랑과, 조선의 왕자에 대한 그의 사랑에 대해 왕자에게 말해 주었다. 하지만 그 대목에 이르렀을 때 그녀는 왕자가 이렇게 말하는 걸 듣고 충격을 받았다. "부인, 당신은 진실을 말하지 않고 있소. 당신의 예수는 나를 사랑하지 않아요. 만약 사랑했다면 내게도 벌써 '예수 생일'을 선사해 주었을 텐데. 예수가 교회에 다니는 아이들을 사랑하는지 몰라도 나는 아니오. 나는 왕자일 뿐이고 그는 우리 집에 온 적이 없소."

"아, 왕자님, 잘 들어 보세요." 하고 그녀는 대답했다. "예수님은 왕자님을 사랑하세요. 전에도 왕자님께 가려고 했지만 오늘은 저를 통해 오셔서 왕자님을 사랑하신다는 말씀을 하고 계신 거예요. 사실입니다."

왕자는 금방 답변을 하지 않았다. 그는 자신이 절에서 불공을 드렸던 신들이 자기를 사랑한다는 소리를 들어본 적이 있나 곰곰이 생각하고 있었다. 그런 기억은 없는 것 같았다. 추위에 떨며 뒤에 선 하인들이 조바심 내며 발을 구르자 그는 돌아서서 전체 "수행원"들에게 너무 추워서 "예수 생일"을 보고 싶지 않으면 집안으로 들어가라고 호통을 쳤다.

그러나 그들은 가지 않았다. 그러지 않는 편이 신상에 좋으리라는 걸 알았기 때문이다. 만약 어린 왕자를 잠시라도 홀로 내버려 두었다가는 목이 달아날 판이었다. 트리를 장식하는 데 사용할 반짝이 장식물이 더 있었으면 얼마나 좋을까 하고 진심으로 바라면서 부인은 이제 할 일을 마쳤다. 그녀는 돌아서서 말했다. "왕자님, 트리를 장식했으니 이제 집 안으로 들어가서 몸을 녹이셔야겠습니다. 저도 다른 일을 해야 하니까요. 오늘 밤에 다시 오시면 이 촛불을 켜고 '예수 생일'의 나머지를 보여드리겠습니다."

어린 왕자가 즐거워서 손뼉을 치고 크리스마스트리를 갈망하는 눈빛으로 쳐다보면서 궁으로 들어갈 때 부인은 창문을 닫으며 왕자가 처음으로 맞는 크리스마스에 대한 기도를 드렸다.

해질녘에 트리가 있는 방에 앉아서 부인은 담장을 향해 서둘러 걷는 발자국 소리와 "부인, 부인." 하고 부르는 소년의 목소리를 들었다. 그녀는 창문을 활짝 열어 희미하게 불이 켜진 방에서 왕자에게 인사를 했다. 그녀가 테이블에서 불붙인 초를 들어 촛불에 하나씩 불을 댕기자 작은 불꽃이 나무 주위의 어둠 속으로 타오르면서 그녀의 아름다운 얼굴과 반짝이 장식을 비추었다. 소년이 내는 기쁨의 외침과 "교인"들의 "툴툴대는 소리"가 그녀를 맞이했다. "좋아." "좋아." "예뻐." 라는 탄성이 있은 후 "자, 부인, 생일의 나머지 부분을 보여주시오."라는 말이 이어졌다.

"그렇다면 시작하겠습니다." 하고 부인은 말했다. "나의 학교 학생들이 옆방에 있습니다(관습상 사내아이나 남자의 눈에 띄는 방에 여자들이 있는 것이 허용되지 않았다). 내가 '예수 생일' 찬송을 부르는 것을 그들이 도와줄 것입니다." 그녀가 아름다운 목소리로 잘 알려진 "구주 탄생하심을" 이라는 찬송을 시작했고 옆방에 있는 목소리들도 합세했다.

6절이 끝나자 어린 왕자는 박수를 쳤고 "부인, 그건 아주 듣기 좋은 '소리'였소. 좀 더 해 보시오."라고 단호하고 확신에 찬 목소리로 말했다. 웃으면서 부인은 한글 찬송가의 다른 노래를 펼쳤다. "천사 찬송하기를"과 "한밤에 양을 치는 자"를 부른 후 합창은 잠시 멈췄다.

"오, 멋진 소리였소. 마음에 들어요. 기도와 설교라는 나머지 부분도 빨리 해 보시오."

부인은 놀라서 숨이 막혔다. "설교"와 "기도"라니! 내가 어떻게 그것을? 그녀가 창문 쪽으로 "교인"들을 훑어보았을 때 열정적인 하나의 얼굴을 빼고 나머지는 모두 찌푸리고 있었다. 그녀는 남들처럼 "핑계를 대기" 시작했다. 그녀의 믿음이 조금씩 줄어들고 있었다.

"왕자님, 설교는 벌써 들으셨어요. 오늘 트리 장식하면서 예수의 이야기를 해 드렸죠. 그게 바로 설교입니다."

"그럼 그 부분은 들은 거요?"

"네, 맞습니다."

"그런데 기도 부분은 듣지 못했소. 기도를 내게 해 주지 않겠소? 제발 해 주시오. '기도'를 원하오."

선교사의 영혼은 새로운 생기를 띠었다.

"물론 저도 기도하기를 원해요. 하지만 왕자님, 잘 들어보세요. 우리의 기도는 예수님께 아뢰는 거예요. 그리고 왕자님께서 다른 신들에게 하듯이 경의를 표하지 않는다면 그분은 기뻐하지 않으실 거예요. 우리는 항상 고개를 숙인답니다."

말이 떨어지자마자 그것은 곧바로 실행되었다. 왕자는 급히 자기의 시종들을 향해 "이보게, 자네들, 빨리 고개를 숙이게." 하고 말했다. 그도 돌아서서 자신의 머리를 장갑 낀 손에다 묻었고 기도하는 내내 그런 자세를 취했다고 부인은 전한다. 그녀는 무릎을 꿇고 왕자가 이해할 수 있는 열정적인 기도로 하나님께 마음을 쏟아 놓았다. 기도가 끝나고 고개를 들자 관리들의 얼굴은 두려움에 찬 표정을 띠었다. '도

대체 무슨 일을 한 거야? 예수교에서 믿는 신께 기도하다니? 에이고, 에이고, 이제 무슨 일이 벌어질까?'

"부인, 듣기 좋은 소리를 좀 더 해 주시오."

"행복한 날"의 곡조에 맞춘 "유대 땅에 탄생하신 구주"와 "하나님의 가장 좋은 선물", "기쁘다 구주 오셨네"가 연달아 불리면서 왕자를 기쁘게 했고, 그는 빠른 박수와 기쁨의 탄성으로 감사를 표시했다. 마지막 찬송의 마지막 절이 끝나자 부인은 노래를 멈추고 웃으며 말했다. "찬송가에 있는 '예수 생일' 노래를 다 불렀습니다. 저하께서 다 들으셨어요."

그러자 놀랍게도 왕자는 "뭔가 잘못된 것 같소, 부인. 당신은 찬송을 다 부르지 않았소."라고 말했다.

"하지만 다 부른 걸요."라고 부인은 대답했다.

여전히 어린 얼굴에는 구름이 덮였다. "하지만 부인, 처음에 듣기 좋은 '소리'를 했을 때는 6번이나 반복했는데 이번에는 이 마지막 '소리'를 네 번밖에 하지 않았소. 두 번은 어딜 간 거요?"

조선의 왕자님은 참 영리하기도 하시지. 첫 번째 찬송은 6절까지, 마지막 찬송은 4절까지 있었다. 설명하기가 번거로워 부인은 순순히 마지막 찬송의 마지막 2절을 다시 한 번 불렀고 어린 왕자는 만족스러운 한숨을 내쉬었다. 이제 모두 들은 것이다.

한편 트리에 밝힌 촛불은 다 타버려서 위험할 정도로 작은 조각만 남아 있었다. 부인은 웃으면서 촛불을 끄고 말했다. "왕자님, '예수 생일'이 즐거우셨나요? 이제 다 끝난 것 같아요."

"네, 좋았소. 정말 다 좋았소. 조선의 왕자가 '예수 생일'을 매년 즐길 수 있으면 좋겠소. 그런데 그게 다라고 했소? 더 있는 것 아니오, 부인?"

어리둥절해 하며 부인은 대답했다. "네, 더 이상 없는데요."

잠시 침묵이 흐르고 왕자가 말했다. "부인, 당신네 교회에서는 '예수 생일'을 맞을 때 어린 사내아이들에게 선물을 준다고 들었는데 나는 받은 게 없소. 왕자는 선물을 받으면 안 되오?" 그는 왕자였지만 마지막 말에는 사내아이다운 특징이 배어 나왔다. 그도 선물을 받고 싶었던 것이다.

난감해진 불쌍한 선교사는 말했다. "오, 왕자님, 저도 선물을 너무나 드리고 싶어요. 교회에서는 소년들과 소녀들에게 선물을 준답니다. 하지만 왕자님께 드릴 선물은 가지고 있지 않아요. 왕자님께서 교회에 있는 어린애들처럼 오렌지나 감을 원하시지는 않겠죠?"

"흥, 그런 것들은 이 집에 지천으로 널려 있소."

"맞아요. 하지만 보시다시피 다른 것은 없어요. 죄송합니다. 다음에는 왕자님도 꼭 선물을 받도록 신경 쓸게요."

실망에 찬 얼굴이 다시 한 번 선교사의 얼굴을 바라보았다. "그런데 나는 저 나무에서 반짝이는 예쁜 열매는 가져본 적이 없소."

즉시 부인은 몸을 돌려 25센트 정도의 가치를 지닌 반짝이 장식들을 나무에서 떼었고, 두 그루의 멋진 크리스마스트리에 달린 반짝이는 "열매"들을 몽땅 어린 군주에게 건네주었다. 엄숙하게 몸을 돌려 왕자는 수행원들에게 그것을 하나씩 조심스럽게 나누어주면서 말했다. "떨어뜨리지 마라. 그랬다간 혼이 날 줄 알아." 그리고 만족스러운 목소리로 "이것이 내가 주는 '예수 생일' 선물이다."라고 말했다. 여전히 왕자는 그 자리를 떠나지 못했다. 그는 "부인, 귀찮게 해서 미안하지만 당신이 듣기 좋은 '소리'를 냈던 그 책을 나에게 줄 수는 없겠소?"라고 간청하듯이 말했다.

기쁨으로 가슴이 뛰면서 선교사는 그에게 조선어 찬송가를 주었다. 손에 찬송가를 꼭 쥔 채로 그는 그녀에게 거듭 감사의 인사를 했고, 크리스마스트리로 사용되었던 나무에 아쉬운 눈길을 마지막으로 돌린 다음 정중히 선교사에게 인사를 하고 궁궐로 들어갔다. 크리스마스트리의 귀한 열매를 손에 조심스럽게 쥔 시종들이 그의 뒤를 바짝 따랐다. 우리의 선교사는 창문을 닫고 행랑아범을 불렀고, 그는 나무를 하인들 숙소의 문간으로 가져갔으며, 그곳에서는 진짜 과일들이 순식간에 소비되었다.

피곤에 지친 선교사는 방으로 들어갔으나 단잠을 위해 잠자리를 준비하다가 궁궐에서 기괴한 소리가 나는 것을 들었다. 외투를 서둘러 걸친 후 그녀는 담장 쪽으로 돌아 나와 마침 거기에 있던 상자를 딛고 올라서서 담 너머 소리가 나는 환한 방 쪽을 바라보았다. 황후는 왕자가 자신의 마음에 들지 않는 행동을 할 때 왕자에게 매를 대는 습관이 있었고, 그런 황후를 어머니로 둔 어린 왕자의 모습이 선교사의 눈앞에 어른거리면서 원인을 제공한 사람이 바로 자기라는 생각에 마음이 아팠다. 그러나 기쁘게도 그녀는 자신의 두려움이 사실무근이었음을 알게 되었다. 그녀는 방안을 들여다볼 수 있었는데 거기에는 세 명의 남자와 세 명의 여자가 몸집이 큰 남자가 손에 꼭 쥐고 있는 귀한 조선어 찬송가를 들여다보려고 모여 있었다. 한편 여섯 명의 앞에는 마치 박자를 맞추듯이 손을 높게 치켜든 어린 소년이 빛나고 진지한 얼굴로 서 있었다. 그녀가 보고 있는 동안에도 왕자는 날카로운 지적으로 목소리를 높였다. "듣기 좋은 '소리'가 이 책 안에 있단 말이다. 그걸 끄집어내야 돼. 부인이 소리를 내는 걸 내가 듣지 않았더냐? 너희들이 내는 '소리'는 아주 나쁜 '소리'다. 자 다시 해 보아라. 좋은 '소리'를 내지 않았다간 무슨 일이 벌어질지 알지?" 그리고 두려워 땀을 뻘뻘 흘리는 여섯 명의 얼굴은 다시 한 번 책을 향해 고개를 숙였다.

자기 방으로 돌아온 부인은 무릎을 꿇었고, 기뻐서 뛰는 그녀의 심장은 여섯 개의 다른 조와 여섯 가지 다른 곡조로 여섯 번씩 다르게 부르는 "기쁘다 구주 오셨네" 노래에 박자를 맞추고 있었다. 그건 그녀가 듣던 중 가장 아름다운 음악이었다. 그 음악이 귀에 쟁쟁 울리는 가운데 그녀가 잠자리에 들면서 마지막으로 한 생각은 "아버지, 저를 조선의 선교사로 삼아주시니 감사합니다." 였다.

6. 왕자의 놀이

“하오나, 세자 저하. 매우 더운 날이라고 합니다. 나무 그늘을 빼고는 정원에 온통 햇빛이 비치고 있습니다.”

“고 하인(고씨 성을 가진 하인이라는 뜻), 나도 그걸 알고 있다.” 하고 조선의 왕세자는 짜증스럽게 말했다. “그래서 가고 싶은 거다. 그늘에 앉아서 덥다는 생각만 하기에는 너무 덥단 말이다. 여기 있기가 싫어. 담 옆으로 가서 저 미국 사내아이가 ‘플라이’라는 우스운 짓거리를 하는 걸 보고 싶다.”

“플라이가 아니옵니다.” 하고 황실에서 왕자의 공식 통역관 직함을 가진 또 다른 관리가 옆에서 말했다. “영어를 잘못 사용하셨습니다. 저 미국 사내아이가 하는 건 플레이라고 합니다. 하오나 너무 덥습니다. 아마 그 아이도 정원에서 놀지 않을 겁니다. 그냥 여기 계시면 세자마마의 부친이신 '지존하신' 황제 폐하께서 배우라고 하신 것을 소인들이 가르쳐 드리지요."

"매일 밤낮을 공부만 해왔단 말이다. 나는 어린 사내아이일 뿐이고 이제 곧 아는 게 너무 많게 될 거야. 공부를 하느라 온통 지쳤단 말이다."라고 하면서 불쌍한 세자 마마는 양손으로 작은 머리를 움켜쥐었다. 왜냐하면 주변에서 늘 서성대는 두 여자와 다섯 명의 관리들에 둘러 싸여 지겨워 죽을 지경이었기 때문이다. 사내아이다운 활력으로 가득 찬 어린 소년이 조선 경성에 있는 왕궁의 정원을 산책하는 것 말고 다른 걸 하고 싶어 하는 게 뭐가 이상하단 말인가.

관리들은 심각하게 머리를 흔들었지만 소년이 햇빛 속으로 나가 미국 선교사의 집과 궁궐의 경계가 되는 담 쪽으로 천천히 걸어가자 그를 따라갔다. 미국에서 온 선교사의 집과 마당은 궁궐 바로 옆에 위치했다.

관리들은 땀이 흐르는 이마를 훔치고 내리쬐는 햇볕으로부터 얼굴을 가리면서 태자를 따라갔다. 특히 세자가 "조 하인"이라고 부르는 조서방이라는 이름의 남자는 체중이 250파운드였다. 이들은 궁궐의 관리이자 세자의 수행원이었지만 결국 그의 하인에 지나지 않았다. 그들은 하인으로 불리었고 그렇게 대접받기를 기대했다. 이야기를 계속하자면 조 하인은 날씨 상황, 특히 더운 날씨의 영향을 많이 받았다. 키는 크지 않았지만 아주 뚱뚱한 그가 뜨거운 태양 속으로 걸어 나갈 때, 아니 뒤뚱거리며 나갈 때, 그의 육중하고 우람한 체구는 분노로 떨었고 땀이 이마와 얼굴에 송골송골 맺혔다. 조 하인은 세자의 수행원으로서의 자신의 공식적인 위치가 이처럼 육체적인 고통을 감내할 만큼의 가치가 있을까를 자문했다.

한편 지치고, 피곤하고, 따분한 표정의 왕자는 눈을 내리깔고 뜨거운 태양은 전혀 아랑곳하지 않는 듯이 돌담을 발끝으로 찼다. 정원에 어린 소년이 보이지 않아 그가 막 돌아서려고 할 때 문이 열리고 어린 왕자와 비슷한 나이(그 당시 여덟 살 정도)의 생기와 활력에 찬 소년이 양 손에 설탕 케이크를 들고 웃으면서 뛰쳐나왔다. 그때 그의 어머니 밑에서 일하는 조선인 요리사는 밀가루투성이의 손을 흔들며 그를 불렀다. "오늘 아침 그게 벌써 네 개째야. 또 들어와서 케이크를 가져갔다간 엄마에게 이를 거야." 하지만 소년은 사내아이의 기질을 드러내며 "신경 쓰지 말아요."라고 말하곤 "탈이 나지만 않으면 엄마는 상관 안 해요."라고 덧붙였다.

말을 하는 동안 첫 번째 케이크가 이미 사라졌으며 그가 두 번째 케이크를 덥석 베어 물려고 할 때 소년은 어린 왕자를 보았고 조선말로 "안녕, 왕자님. 이리 건너 와. 우리 엄마의 케이크를 줄게. 아주 맛있어.”라고 사내아이답게 말했다. 어린 왕자는 허락을 기다릴 새도 없이 수행원 곁을 지나 문밖으로 나가서 옆집 대문으로 들어갔다. 그가 미국 소년에게 도착했을 때 미국 소년은 호주머니에서 약간 부서져 보이는 케이크를 꺼내어 왕자에게 대뜸 건네며 말했다. “자, 올드 채피(chappie). 약간 부서져도 괜찮지? 내가 먹고 있는 것처럼 새로 만든 거야. 호주머니에 넣어서 부서졌을 뿐이지.”

어린 왕자의 얼굴이 환해졌다. 케이크를 받으면서 모든 지친 표정이 사라진 왕자는 선교사의 아이에게 말했다. “네가 무슨 말 하는지 하나도 모르겠어. 네가 ‘채피’라고 한 말이 듣기 좋은데. 채피가 뭐야? 채피가 좋아.”

“그래?” 그의 친구가 다시 한 번 조선말을 하며 말했다. “그렇다면 그걸 네 이름으로 하지. 나중에는 ‘올드 맨’으로 하고.”

“올드 맨이라.” 왕자는 생각에 잠겨서 말했다. “그것 또한 영어로 된 말이군. 이제 내가 세 단어를 알게 되었어.” 그리고 나서 손가락을 꼽으며 그는 말했다. “플레이, 채피, 올드 맨이란 말을 알게 되었어. 야, 이제 곧 너희 나라 말을 알게 되겠다.”

미국인 소년은 씩 웃으며 대답했다. “좋아, 채피. 좀 놀다 가면 안 돼? 여긴 더우니까 그늘 밑으로 와.” 이렇게 말한 다음, 시원하고 편하게 보이는 흰 면 옷을 입은 미국인 소년과 화려한 색깔의 얇은 비단옷을 입은 왕자는 옆에 서 있는 수행원들은 전혀 안중에도 없이 대문 바로 안쪽에 서 있는 늙은 느릅나무 쪽으로 정원을 가로질러 나란히 걸어갔다. 두 명의 여자를 제외하고 수행원들은 모두 뒤를 따랐다. 그들은 담벼락에 서서 왕자가 이제 무슨 짓을 하려는지 넘겨다보았다.

나무에 도달하자 미국인 소년에게 기발한 생각이 떠올랐다. "자, 여길 봐, 채피." 그는 왕자에게 말했다. "내가 저 나무 위로 '시니(shinny)' 할 거야. 내가 너보다 빨리 나무 꼭대기에 올라갈 수 있어."

"'시니'라고. 시니가 뭔데?"

"이런 내가 깜박했군. 그건 또 다른 미국말이야. 그건. 그건 나무 꼭대기에 기어 올라간다는 뜻이야."

"야, 그거 신나겠다." 왕자는 말했다. 미국인 소년이 나뭇가지를 잡으려고 뛰어오르자 조선인 소년도 다른 쪽의 나무를 붙잡았다. 하지만 그는 나무 위로 더 이상 올라가지는 못했다. 미국인 소년이 원숭이처럼 이 가지에서 저 가지로 점점 올라가는 것을 보고 수행원들 사이에서는 왕자가 발을 올리기도 전에 두려워서 수군대는 소리가 터져 나왔다.

"세자 저하께서는 그리하실 수 없습니다."라고 통역관이 말했다. 그리고 그는 앞으로 나와 왕자를 붙잡고 나무에서 떼어놓으면서 "포악한 오랑캐들이나 하는 짓입니다. 세자께서 채신없이 행동하시면 안 됩니다. 세자 저하, 안으로 드시지요. 그게 좋겠습니다.”라고 말했다.

불만에 차고, 지치고, 따분한 표정이 왕자의 얼굴에 오갔다. 그리고 그는 아주 점잖지 못한 행동을 했다. 통역관을 밀친 그는 나무로 내달았지만 다른 수행원에게 붙잡혀 제지를 당했고, 수행원은 “세자 저하께서 잘못 되셨다간 우리 모두 죽은 목숨이야.”라고 중얼거렸다.

“이봐, 채피. 저 사람들이 너한테 무슨 짓을 하는 거야? 왜 그래? 겁이 나는 건 아니지?” 나무를 중간쯤 올라가 흔들리는 가지에 평화롭게 자리를 잡은 미국인 소년이 말했다.

왕자는 대답하려고 했지만 단단히 마음을 먹은 수행원들을 둘러보고 나서 마당에 몸을 던지면서 자신이 미국인 소년이 아니라 수행원이 붙은 조선의 왕자라는 사실에 분통을 터뜨렸다.

“야, 이봐. 왕자님. 무슨 일이야? 수행원들이 허락을 하지 않더라도 신경 쓰지 마. 다른 놀이를 하지 뭐. 내가 내려갈게.”

이 말에 왕자는 땅에서 벌떡 일어나서 소리쳤다. “아냐, 아냐, 거기 있어. 이 놀이를 하고 싶어.” 그리고는 생각에 잠긴 듯이 “나는 못 올라가. 저 사람들이 허락을 하지 않아. 그건 내가 왕자이고 항상 이 사람들을 거느리고 다녀야 하기 때문이지.”라고 말했다. 그리고 단호하게 “하지만 이 놀이를 계속할 거야. 잠깐만 기다려.”라고 말했다.

그리고 그는 일어나서 8년이라는 짧은 세월 동안 배운 모든 권위를 동원해서 다섯 사내들에게 돌아서서 말했다. "좋아. 외국에서 온 남자 아이처럼 내가 나무에 올라가지는 못하지만 이런 식으로 계속 '플레이' 할 거야. 자, 자네 김 하인, 저 아이를 따라 나무에 올라가." 통역관에게는 "그리고 자네, 나무 밑에 서 있다가 저 사람이 떨어지면 그를 잡아 일으켜." 하고 왕자로서의 사무적인 말투로 계속했다. 또 다른 두 사람을 가리키며 "자네와 자네, 이 사람 뒤를 따라 올라가. 겁내지 말라구. 떨어지면 이 사람이 받아줄 거니까."라고 말했다. 당황한 수행원이 하소연 조로 한두 마디를 했지만 왕자를 더욱더 명령조로 만들 뿐이었다. "이 사람들아, 입 다물게. 내 놀이를 못하게 했으니 자네들이 직접 놀아야 될 것 아닌가. 저 나무에 빨리 올라가." 이들이 그의 명령에 순종하려고 할 때 수행원 중 가장 마음에 들지 않는 친구, 즉 250파운드 체중에다 진땀을 흘리고 있는 조 하인이 그의 눈에 들어왔다. "자네, 자네가 나무에 올라가면 멋있을 거야. 그늘을 좋아하니까 나무 위에 가면 그늘이 많아. 당장 나무에 올라가게."

"통촉하소서, 세자 저하." '가장 총애를 받는' 공식 통역관이 말했다. "제발, 이건 안 됩니다. 이들은 미국인이 아니고 나무를 올라갈 수도 없습니다. 말씀을 거두시고 궐 안으로 드시지요."

"아니야, 김 통역관." 소년은 단호하게 말했다. "나는 왕자이기 때문에 다른 사내아이들과는 달리 아무 것도 할 수 없어. 내가 못하니 자네들이 해야지." 그리고 그는 부들부들 떠는 조 하인과 세 명의 관리들에게 다시 명령을 했다. 애걸해봐야 소용이 없음을 알고 세 명의 좀 더 날씬한 관리들은 고통스럽게 나무를 조금씩 올라가기 시작했고, 장난꾸러기 미국인 소년은 그들을 다음과 같은 말로 재촉했다. "올라와요. 올라오면 근사해요. 그 나무는 붙잡지 말아요. 부러져요. 조심해요, 거기는 햇빛이 비쳐요. 왜 그래요? 손이 긁혔어요? 그런 건 신경 쓰지 말고 빨리 올라와요."

그러는 동안 왕자는 한마디도 하지 않고 이들이 미국인 소년이 앉아 있는 곳으로 올라가려고 낑낑대는 모습을 즐기는 것 같았다. 미국인 소년이 앉아 있는 곳에서 반쯤 되는 높이의 가지에 이들이 마침내 자리를 잡았을 때, 왕자는 몸을 돌려서 두려움에 질려 땀으로 목욕을 하고 머리 바로 위에 있는 가장 낮은 가지를 서글프게 붙잡고 있는 조 하인을 바라보았다.

"자, 자네, 조 하인." 하고 소년은 말했다. "너무 뚱뚱해서 올라갈 수 없단 말이지. 거기 자네, 성 하인." 하고 왕자는 가장 낮은 가지에 앉아 있는 남자를 불렀다. "내려 와서 조 하인이 올라가는 걸 도와 줘. 반드시 올라가야 돼."

성 하인은 괴로운 듯이 나무에서 내려와 찢겨지고 더럽혀진 비단옷을 슬픈 눈으로 바라보았다. 나무에 오르기에는 너무 휘날리는 복장

이었고 통이 큰 바지는 나뭇가지에 걸리기 일쑤였다. 다시 땅에 내려
온 성 하인과 통역관은 소년을 설득하려 애썼지만 소년은 왕자였고
“조 하인을 빨리 나무에 올려 보내.”라고 말할 뿐이었다. 그들은 잡아
당기고, 밀고, 끌어올리는 엄청나게 고통스러운 노력 끝에 지상 5피트
되는 가장 낮은 나뭇가지에 조 하인을 올려놓았다. “더 높이 올라가.”
라고 왕자는 말했다. “빨리.”

“오, 세자 저하…….” 통역관이 말을 시작했다.

“말을 멈추게, 김 통역관. 그를 더 높이 끌어올려. 나를 플레이하지
못하게 했으니 자기가 플레이하는 걸 배워야지.”라고 그는 말했고, 낑
낑대며 나무를 오르는 일은 계속되었다.

김 통역관이 밑에서 밀고, 한 팔을 높은 가지에 두른 성 하인이 잡
아당기는 동안, 조 하인은 올라가려고 안간힘을 썼다. 다른 나뭇가지
에 있는 관리들은 겁에 질려 자신들이 앉은 가지를 꽉 붙들었다. 나무
는 사람들의 무게로 삐걱대고 신음소리를 냈다. 플레이라는 게임을
처음 시작한 미국인 소년은 소리 내어 웃지 않으려고 손수건을 입에
다 처넣었지만 왕자의 얼굴은 진지했다. 국가의 중대사가 그의 어깨
에 놓여 있다 하더라도 그보다 진지할 수는 없었을 것이다.

신음 섞인 한숨을 내쉬며 조 하인은 마침내 땅에서 8피트 떨어진
그 다음 가지에 올라갔다. 그는 두 팔로 나뭇가지를 죽어라고 붙잡았

고, 모자는 한쪽 귀에 걸리고, 올라오면서 나무 몸통에 쓸린 얼굴은 긁히고, 비단옷은 거의 누더기가 되고, 땀은 시내처럼 흘러 그의 목주름에 고였다. 그에게는 플레이라는 게임이 전혀 인기가 없었다. 그 광경은 참으로 재미있는 광경이었다. 지상 20피트에 올라가 있는 미국인 소년은 웃느라 숨이 막힐 지경이고, 그와 같은 편 나무에서 각각 10피트, 12피트 높이에 있는 두 명의 관리는 불만에 가득 찬 표정이었다. 나무의 반대쪽에는 만신창이가 된 조 하인이 있었다. 3피트 위에는 성 하인이 한손으로 나무를 잡고 다른 손으로는 얼굴의 땀을 닦고 있었다. 아래에는 자신의 수행원들이 새 놀이를 하는 것을 마치 홀린 듯이 바라보느라 시선을 위쪽으로 고정시킨 조선의 왕자가 서 있었다.

통역관은 자신의 동료들과 담 너머 궁궐 문 쪽을 번갈아 바라보았다. "폐하나 중전께서 저 문으로 나오시면 어떡하나?" 담 쪽에 서 있는 두 여성은 자기들도 플레이라는 놀이를 따라하라고 할까봐 전전긍긍하며 서로를 붙잡고 있었다.

침묵을 깬 것은 미국인 소년이었다. 그는 "이봐, 채피. 이 사람들 떨어질까 봐 겁이 나. 내려오라고 해. 나도 내려가서 너와 이야기할게. 어쨌든 저녁 시간이기도 하고."라고 말했다.

"잠깐만" 하고 왕자가 말했다. "조 하인, 플레이하는 게 좋았는가?"

"아닙니다. 세자 저하." 하고 조 하인이 대답했다.

“조 하인, 폐하와 중전마마께 나를 고자질할 건가?”

“고자질이라니요, 저하?”

“그래, 조 하인, 고자질 말이야. 나하고 같이 있는 동안 했던 일에 대해서.”

“오, 세자 저하……” 하고 조 하인은 말을 시작했다. 바로 그때 산들바람이 나뭇가지를 스쳐갔고 그가 나무 둥치를 더 꽉 잡는 바람에 그의 말은 두려움을 삼키느라 목구멍 속으로 잦아들고 말았다.

“조 하인, 내가 이런 식으로 플레이를 시키지 않는다면 내가 하고 싶은 일을 하게 할 텐가?”라고 소년은 계속 말했다.

“네 물론이죠, 세자 저하. 무엇이든지.” 하고 조 하인은 눈물을 찔끔 흘리며 말했다.

“그렇다면 조 하인, 이제 내려와도 좋아. 하지만 떨어지지는 말게. 다칠지도 몰라.” 소년의 눈에 만족스러운 빛이 비쳤다.

“김 통역관, 조 하인을 도와주게. 떨어질지도 몰라. 잠깐, 정말 떨어지겠군.” 조 하인과 김 통역관은 미친 듯이 애를 썼다. 조 하인은 나뭇가지 바깥쪽 끝으로 미끄러지는 데 겨우 성공했고, 나뭇가지는 그의 무게로 인해 더욱더 신음소리를 냈다.

“자, 자네 두 사람, 그쪽에서도 내려오게.” 나무 오른쪽에서 미국인 소년 바로 밑에 앉아 있던 남자들에게도 그는 명령했다. 그들은 두말하기도 전에 즉각 내려왔다. 육중한 몸집의 조 하인을 나무에서 내리기 위해서는 남자 세 명뿐 아니라 미국인 소년까지도 합세해야만 했다. 미국인 소년은 원숭이처럼 순식간에 내려와 어떻게 조 하인을 내려야 할지에 대해 지시하기까지 했다. 조 하인이 마침내 땅에 내려왔을 때 그의 옷은 너덜거리고 땀에 푹 젖었으며, 손은 긁혀 있었고, 모자는 부서져 한쪽 눈 밑으로 내려왔고, 코는 껍질이 벗겨져 피가 났다. 뒤이어 성 하인도 내려왔고 나무에는 아무도 남아 있지 않았다.

왕자는 공손해진 수행원 무리를 살펴본 후 말했다. "자, 김 통역관만 남고 나머지는 집으로 가서 씻게. 그리고 조 하인, 잘 들어. 고자질했다간 플레이를 다시 하게 될 거야." 그리고 그는 초췌한 몰골의 관리들이 머리를 흔들고 상처를 어루만지며 문을 나가서 궁궐 문을 지나 집으로 가는 모습을 쳐다보았다.

"이리 오게 김 통역관. 이 아이와 이야기를 하고 싶으니." 그리고 들리지 않는 곳으로 가서 그는 약간 겁먹은 집주인 소년에게 말했다. "오늘 아침 정말 좋은 시간을 보냈어. 네 플레이는 아주 멋졌지만 다시는 하면 안 될 것 같아. 이제 궁에 가서 이 일로 벌을 받아야 돼. 어마마마께서 이 일을 아시게 되면 나를 혼내실 테니 지금 당장 가서 말씀드려야겠어. 무슨 말인지 알지?"

"그래, 나도 그게 무슨 말인지 알아." 미국인 소년은 생각에 잠긴 듯이 말했다. "나도 혼이 난 적이 있는데 나무에 올라갔기 때문은 아냐. 안됐다, 채피. 그런데 그 사람들 정말 웃겼지?" 그는 관리들을 눈앞에 그려보며 다시 웃었다.

"그래, 그 사람들 꼴이 우스웠어. 그런데 그게 다가 아냐. 나는 신나는 일, 뭔가 실제적인 일을 했어. 사실 할 일이 없어서 정말 죽을 지경이었거든. 이제 뭔가를 했고 혼이 난 후에는 더 많은 일을 할 거야. 그런데 있잖아." 그의 어린 눈이 만족스러운 장난기로 다시 한 번 빛났다. "그런데 그 조 하인은 다음번에는 나를 플레이하게 할 거야. 오늘 혼이 났으니까. 네 케이크 맛있었고 네 플레이는 훨씬 더 좋았어. 멋진 아침이었어. 그리고 그것 때문에 매를 맞아도 괜찮아. 근데," 하고 미국인 소년에게 몸을 숙이며 왕자는 말했다. "누구나 그렇듯이 네가 다시 태어나게 되면 궁궐의 왕자로는 태어나지 마라. 그냥 이대로 항상 플레이 할 수 있는 미국의 사내아이로 태어나. 내가 너라면 좋겠어. 그건 매를 맞을 만한 가치가 있어. '다시 만날 때까지 평안히 있어.' 김 통역관, 가자." 그는 통역관을 불렀다. "어머니가 시간이 있으면 가서 매를 맞을 거야."라고 말하고 그는 사라졌다. 머리를 꼿꼿이 세우고, 비단옷을 휘날리며, 완벽한 행복의 표정을 띤 얼굴에서 모든 염증이 사라진 채 그는 가버렸다.

뒤에 남은 미국인 소년은 말했다. "와, 용감한 친구야. 왕자라는 게

안됐군. 어머니에게 가야지. 엄마의 아들, 조선의 왕자가 아니라 미국의 소년이 되게 해 준 어머니에게 키스하고 싶은 걸."

7. 유복이

넓은 태평양 연안의 먼 조선 땅에 우리가 "수도"라고 부르게 될 도시에 여성 병원이라고 알려진 나지막한 건물들이 자리 잡고 있다. 단층에 그나마 나지막하여 모습은 그다지 볼품이 없다. 지붕은 기와였고 시멘트 바닥 밑에 나무를 태워 덥히는 온돌은 자신들의 병든 몸을 서양 사람의 높은 침대에 맡기기 두려워하는 조선의 아낙네와 여자들을 위한 잠자리였다.

실내도 외관만큼이나 평범했고 비누와 물로 열심히 닦아서 최대한 청결하게 만든 상태였다. 그러나 평범한 외관에도 불구하고 병들고 고통 받는 많은 사람들이 영혼과 육체를 위한 도움을 그 안식처에서 찾았다고 사람들은 말할 수 있을 것이다.

화창한 구월 어느 날, 병원 앞에 큰 나무가 서 있는 곳에서 인간의 이상한 표본이라고 할 수 있는 존재가 서 있는 것을 발견할 수 있었다. "유복이"라는 이름의 그는 날 때부터 병들고, 동작도 굼떴으며, 몸집도 작았고, 얼굴은 작은 갈색 얼굴이 취할 수 있는 최대로 못생긴 모습을 하고 있었다. 2년 전 거리의 떠돌이인 그가 죽어가는 엄마 옆에 있는 것을 친절한 선교사가 발견했다. 며칠 후 그의 엄마는 죽고 유복이는 우리가 그를 알게 될 때까지 계속 살았다.

그는 이제 다섯 살이었고 그의 작은 생각에 인생의 가장 중요하고 유일한 문제는 끼니때마다 "밥(요리한 쌀)"을 정기적으로 받아먹을 만큼 자신의 "배"를 잘 유지하는 것이었다. 우리가 그를 처음 만난 날 그는 전혀 행복하지 못했다. 그에게 질문을 하면 그는 눈물을 철철 흘리며 대답을 해 주었을 것이다. 다른 아이들은 모두 쌀밥을 큰 공기에다 먹는데 자신은 배가 아파서 "의원(의사)"님이 저녁 식사로 우유만 주셨다는 것이다. 그리고 자기는 실내에 앉아 있고 싶은데 간호사들이 햇볕에서 놀라고 밖에다 내어놓았다는 것이며 자기는 전혀 놀고 싶지 않다는 것이다. 그래서 이 화창한 9월에 유복이에게는 삶이 전혀 살 가치가 있는 것 같지가 않았다. 그가 슬픈 명상을 하도록 잠시 내버려두고 그의 외모를 좀 더 자세히 살펴보도록 하자.

그는 희고 긴 핫바지를 입고 미국에서 온 구제품 상자에서 얻은 붉

조선의 소녀들.

은 옥양목 조각으로 조선식 대님을 맸다. 소매가 겨드랑이까지 오는 짧은 저고리는 같은 옥양목 조각으로 만들었다. 그 점에서 유복이의 복장은 조화를 이루었다. 흰 바지 위에는 팔꿈치에 바짝 묶고 등에서 겹쳐지는 긴 흰색 앞치마를 입었다. 끈은 앞에서 묶었는데 두 개의 끝자락과 한 개의 리본이 그의 납작한 동양인 코에 닿기라도 할 듯이 삐죽 솟아올랐다. 발에는 핫바지와 같은 천으로 만든 흰 옥양목 버선을 신었다. 이 양말을 신고 그는 병원 바닥을 돌아다녔다(조선에서는 문간에다 신을 벗어두기 때문에). 그러나 마당에 나와 서 있는 지금 그의 작은 발과 버선은 조선에서 통상 신는 짚신 속에 들어가 있었다. 하지만 유복이의 외모에서 가장 놀라운 부분은 그의 머리칼이었다. 그가 병원에 처음 왔을 때 그의 머리는 이와 거리의 오물로 덮여 있어서 면도기로 밀어야만 했다. 죽어가는 엄마와 함께 이리저리 얼마 동안을 헤맸는지 어디서 왔는지 아무도 몰랐다. 조선에는 뉴욕의 거리처럼 형사가 많지 않았고 유복이의 족보를 캘 만큼 한가한 사람도 없었다. 그러나 병원에서는 그의 머리카락과 머리를 깨끗하고 말끔하게 유지하였다. 길이가 상당히 자랐지만 보통 사내아이들의 머리 스타일대로 머리카락을 등 뒤로 땋을 만큼 길지는 않았다. 그의 못생긴 외모에도 불구하고 유복이를 머리끝부터 발끝까지 애지중지 하는 조선인 간호사들은 그의 외모를 환하게 만들려고 노력했고, 짧은 머리카락을 끌어

모아 작은 갈래들로 땋았다. 결국 그의 작은 갈색 머리통에는 16개나 되는 갈래들이 생겼다. 그중 어떤 건 2인치도 되지 않았다. 제각각으로 뻗었으며, 갈래들마다 각색의 댕기들이 달려 있었다. 그것은 아까 말한 구제품 상자에서 나온 것으로서 이제 유복이는 보기에 즐거운 대상—못생긴 걸 좋아한다면—이 되었다. 그러나 병원의 선교사 의사 선생님이나 미국에서 온 수간호사, 혹은 다섯 명의 조선인 간호사 앞에서 유복이를 못생겼다고 했다가는 큰일 난다. 확실히 유복이의 작은 몸에는 형언할 수 없는 매력이 있었다. 그래서 어느 날 사진사가 병원의 사진을 찍으려고 왔을 때 병원 도우미와 환자들, 수간호사와 조선인 간호사들이 온통 그를 둘러싼 가운데 미국 의사 선생님이 유복이의 손을 잡고 앞쪽에 세워 놓아, 모든 사람들이 그를 볼 수 있었다.

그러나 지금 그는 햇살을 받으며 슬픈 표정으로 주위를 둘러보고 서 있다. 유복이는 자기가 사랑을 받고 있다는 사실에 대해 잘 몰랐다. 그것이 날마다 일어나는 일이어서 그는 그것이 삶의 일부인줄로만 알고 있었다. 오늘 그는 아무도 자신을 사랑하지 않는다고 확신했다. 문이 열리고 간호사가 나와서 그에게 뛰어다니며 놀지 않는다고 부드럽게 나무라자, 그의 속에 있는 사악한 귀신이 극도로 발동했고 그는 그녀의 부드러운 손을 뿌리치며 병원의 문을 향하여 돌진했다. 그리고 안으로 들어가 그녀의 면전에서 문을 꽝 닫은 그는 울부짖으며 온돌

위에 몸을 던졌다. 건강이 좋지 않아 자주 기운 없어하던 유복이를 사람들은 그냥 혼자 있도록 내버려두었다. 침상에 있던 모든 환자들과 간호사들은 그를 위로하고 싶었지만 아무도 엄두를 내지 못했다. 그들이 조금이라도 그를 동정했더라면 그의 흐느낌은 한없이 계속 되었을 것이다. 반시간이 지난 후 의사 선생님이 우연히 병동에 들어오셨다. 어린 소년에게 몸을 숙인 의사 선생님은 간호사를 불러서 "불쌍한 녀석, 잠이 들었구나. 그런데 울고 있었나 본데. 무슨 일이에요?"

"아! 늘 있는 일이죠 뭐. 밖에 있지 않으려고 해서 타일러 밖에서 놀게 하려고 했더니 달려 들어와 여기 쓰러져서 잠이 들었어요."

"불쌍한 것." 조선의 병원에서 15년을 봉사했음에도 불구하고 조선 사람이 고통 받는 것을 보면 눈물을 억제할 수 없는 마음씨 좋은 의사 선생님이 말씀하셨다.

"불쌍한 것." 하고 의사 선생님은 그를 내려다보며 다시 한 번 말했다. "네가 태어난 이유를 도대체 모르겠어. 위는 '시늉'일 뿐이고, 뼈는 평생을 지탱하기에는 너무나 약하고, 체질은 건강한 날보다는 아픈 날이 더 많게 될 체질이구나. 이 땅에서 유복이의 사명이 도대체 무얼까. 어쩌면 우리가 사랑할 대상이 되는 게 사명일지 몰라. 얘가 깨어나면 일정 분량의 우유와 계란을 풀어서 절반을 주세요. 그리고 어쩌면 오늘 밤에는 자기가 좋아하는 '밥'을 정상적으로 먹을 수 있을지도

"의사 선생님이 유복이의 손을 잡고 모두 볼 수 있는 곳에 세웠어요."

몰라요."

　유복이가 깨어난 지 한 시간쯤 되었을 때, 다른 환자들이 밥을 먹는데 자기에게는 싫어하는 우유와 계란이 주어지자 그는 다시 슬퍼하기 시작했다. 이번에는 조용히 슬퍼했지만 그의 속에 있는 사악한 귀신은 여전히 남아 있었다. 또 한 시간이 지나고 체온을 잴 시간이 되었다. 유복이는 작은 유리관을 작은 혀 밑에 물고 있어본 적이 너무나 많아서 어떻게 그걸 무는지 잘 알았다. 하지만 사악한 천재성은 우리의 작은 친구를 곤경에 빠지게 할 안성맞춤의 물건인 작은 유리관에 집중되었다. 물론 보통 때의 유복이는 이날 사악한 천재성이 깃든 유복이가 했던 짓을 하지 않았을 것이다. 그는 작은 유리관을 혀 밑에 참을성 있게 물고 있는 대신, 작은 갈색 손을 몰래 들어 혀 밑에서 유리관을 빼서 이빨 사이에 넣고 반으로 깨물어 바닥에 뱉었다. 미국에서 구입하여 조선에 수입된 체온계는 하나에 2달러 50센트나 하는 것이었다.

　놀란 간호사들이 빨간 입 속에 혹시라도 남아 있을 유리조각을 빼내기 위해 급히 달려왔다. 간호사들이 그를 씻기고 이야기를 시키고 나무란 다음, 벌을 주기 위해 의사 선생님이 오셨다. 유복이의 사악한 천재성이 저지른 이런 식의 값비싼 장난은 그냥 묵과할 수가 없었다. 운 나쁜 유복이는 그를 사랑하는 외국인 의사 선생님에게 가볍게 매를 맞았다. 매를 맞아서 다친 것이라곤 마음 밖에 없었기 때문에 (옷 위에다 때렸기 때문에) 유복이는 또 한 번 자지러지게 울어댔고, 유복이는 의사와 간호사 모두에 대해, 그리고 특히 체온계에 대해 깊고 어두운 생각들을 했다. 유복이가 약간 회복한 다음 오후 시간은 천천히 지나갔다. 유복이는 환자들로부터 위로를 받으며 이 침대 저 침대를 돌아다녔다. 사람들은 사랑스러운 토닥거림과 애정 어린 말들을 간호사들이 보지 않을 때 몰래 그에게 해주었다.

그런데 유복이의 사악한 귀신은 여전히 반항적이었다. 네 시가 되어 또 다시 우유와 계란이 배급되었다. 귀신의 광기가 또 다시 발동한 우리의 불쌍한 주인공은 우유와 계란을 받아먹고는 컵을 도로 간호사에게 주는 대신 작은 몸집으로 낼 수 있는 온 힘을 다해 벽을 향해 던졌고, 컵은 담당 간호사인 엘렌의 얼굴을 아슬아슬하게 비켜갔다. 엘렌이 그 문제를 의사 선생님께 보고하는 동안 유복이는 버티고 서서 노려보기만 했다. 눈물이나 후회의 기미는 전혀 보이지 않았다. 선생님이 이번에는 엘렌 간호사에게 매를 때리라고 지시했다. 하지만 다른 간호사들처럼 유복이를 사랑한 엘렌 간호사는, 화가 약간 나기는 했지만 아주 가벼운 매질만 했다.

그러나 이번에도 유복이의 마음은 상처를 받았고 그것은 눈물로 녹아내렸다. 또 다시 한 시간을 운 뒤에 뉘우치는 마음이 생긴 소년은 이제 나쁜 귀신과 그날의 작별인사를 했다. 뉘우치는 마음이 넘친 그는 단 한 사람, 병원의 특실에 누워 있는 병든 선교사에게서만 동정을 구했다. 눈물을 흘리면서 그는 못된 사내아이, 못된 의사 선생님, 못된 간호사, 그리고 밥도 못 먹은 이야기를 했다. 선교사가 옆의 침대에 앉으라고 하자 그는 마지막으로 애처로운 하소연을 했다.

"아뇨, 아뇨, 부인. 앉을 수 없어요. 이쪽 엉덩이는 체온계 때문에 의사 선생님께 매를 맞았구요, 다른 엉덩이는 컵 때문에 간호사에게 매를 맞았어요."

"그래, 그럼 한번 누워보렴." 하고 선교사는 말하고 그를 옆에 끌어다 울게 했고 작은 갈색 손은 선교사의 목을 감았다. 그리고 유복이는 사악한 자, 혹은 의로운 자—어느 게 맞을까?—로서 잠을 잤다.

취침시간이 되자 유복이는 의사와 간호사의 용서를 받았고 몇 주 동안 유복이의 사악한 귀신은 불쌍한 소년을 비켜갔다.

하지만 유복이가 일생의 사명을 어떻게 찾았는지에 대해 서둘러 이야기해야겠다. 의사 선생님은 유복이가 왜 태어났는지에 대한 한 가지 이유를 알게 되었던 것이다.

4개월 후 병원에서의 아침 기도가 끝나가고 있을 때 시내 조선인 교회의 전도 부인이 의사 선생님의 사무실에 달려 들어왔고 의사 선생님이 그 방에 들어오자 그날 자기가 발견하게 된 마을의 이상하고 슬픈 일에 대해 흥분해서 전했다. 그 이야기에 의하면 나이가 60세 되는 어느 여인이 "마귀(사악한 존재)"의 종으로 자신을 바쳐왔고 그의 유용한 도구로 써달라며 마귀에게 기도와 향을 드렸다고 한다. 그 마귀는 그녀의 말을 그대로 받아들인 것 같다. 왜냐하면 그녀가 삽시간에 미치광이의 모든 교활함으로 악담을 퍼붓고 발광하는 존재로 변했기 때문이다. 그녀는 며칠 동안 주위에 있는 안 믿는 이웃과 친척들의 공포와 위협의 대상이 되었고 그래서 근처에 사는 기독교 가정이 같이 기도해달라고 전도 부인을 데리러 보낸 것이었다. 전도 부인은 자기가 감당하기에 너무나 큰 사건이라 생각해서 그녀를 병원에 데리고 오라고 친척들을 설득했다. "그리고 들어보세요. 그 여자가 지금 문간에 와 있어요. 안 들리세요?"라고 그녀는 말했다.

의사 선생님은 분명히 그 여자의 소리를 들었다. 그리고 현관에 가서 눈이 풀리고, 머리를 풀어헤치고, 입에 거품을 물고 아들과 사위의 품안에서 씨름하고 있는 여자를 보고 우두망찰하고 서 있었다. 그녀의 상태는 담력이 강한 사람이라도 겁을 먹을 만한 정도였다. 의학적인 치료가 필요한 것을 한눈에 간파한 의사 선생님은 자기가 할 수 있는 일을 재빨리 결정했다. 병원 한쪽 구석에 자리가 마련되었고 환자들이 지켜보는 가운데 여자는 따뜻한 온돌에 눕혀지고 진정제가 투여되었다. 그녀가 자는 동안 그녀를 깨끗하게 목욕시키고 머리도 빗겨

말끔하게 했고, 의학적으로 가능한 처치도 하였다.

　의사 선생님은 그녀가 깨어나면 거의 치료되었을 거라고 회망했다. 하지만 사실은 그렇게 되지가 않았다. 몇 시간 후 그녀가 너무나 폭력적이 되었기 때문에 자신이나 주변의 다른 사람이 다치지 않게 하기 위해 그녀를 시트에 묶었다. 그러나 그녀를 묶은 끈은 그녀의 혀에는 아무런 효과가 없었다. 불쌍한 노파에게서 쏟아져 나오는 신성모독의 더러운 말들은 조선어를 이해하는 사람들에게는 끔찍한 것이었다. 의사 선생님은 절망에 빠졌고, 간호사들은 도움이 될 수 있을 때 최대한 도우면서 서성거렸다. 시트가 리본처럼 찢겨졌다. 미국인 수간호사가 진정제를 다시 한 번 놓으려고 시도했지만 여자들의 힘으로는 병자를 제어할 수 없었다. 그녀의 한쪽 손이 풀리면서 간호사가 머리에 쓴 흰 캡을 낚아채어 벗겨냈다. 간호사의 머리에서 움켜잡은 핀, 캡, 그리고 한줌의 머리카락은 순식간에 갈기갈기 찢겨졌고, 모든 사람이 절망에 빠졌다.

　이 절박한 순간에 병원 문이 열렸고 우리 친구 유복이의 작은 모습이 병동 안으로 들어왔다. 그의 얼굴은 기쁨으로 환히 빛났다. 사흘 동안 그는 매일 "밥"을 먹었고, 그토록 싫어하는 앞치마를 벗어버리고 새 코트를 입어도 좋다는 허락을 받았기 때문에 더욱 열심을 가지고 햇빛을 받으며 한바탕 뛰어다니다 들어오는 길이었다. 그가 입은 코트의 이름은 "두루마기"였고 조선에서 성장한 사내아이와 남자들이 입는 외투와 모양이 꼭 같았다. 그것은 선물 상자 속에 석판, 연필, 장난감과 함께 들어 있던 것으로 크리스마스 때 받았다. 맞아, 유복이는 그걸 입고 병원의 다른 어린이 환자들과 함께 사진도 찍었다. 겁에 질린 표정으로 나오면 어떡하지. 그는 항상 사진 찍는 걸 두려워했다. (우리의 꼬마 주인공에게는 인생이 두려움으로 가득 찼다.)

아, 그 두루마기는 얼마나 좋은지! 두루마기는 밝은 붉은 색이었고 겉감과 안감 사이에 좋은 솜이 여러 겹 들어 있었다. 이 추운 1월의 아침에 그는 조심하라는 말과 함께 그걸 입어도 좋다는 허락을 받았다. 귀중한 "두루마기"를 잘 관리했다는 것을 자랑하고 싶어서 병원으로 들어왔을 때, 그는 의사 선생님과 간호사들과 미친 여자가 보잘 것 없는 자기에게는 신경을 쓸 겨를이 없다는 것을 알게 되었다. 유복이가 간호사 한 사람의 옷을 잡았지만 그녀는 조용히 하라는 시늉을 했고, 그는 눈을 크게 뜨고 서서 귀신 들린 노파의 발광을 들었다. 갑자기 유복이의 선한 영혼이 앞으로 나섰고 그는 인생의 사명을 발견했다. 간호사의 옷을 놓은 유복이는 어느 누구에게도 말하지 않고 발광하는 여자에게 걸어가 겉으로 보기에는 아무런 두려움 없이 손을 노파의 머리에 얹었다. 그는 "에이, 못되고 나쁜 할머니(조선에서 어린 사람이 노인에게 쓰는 경칭)" 하고 말했다. "너무 시끄럽잖아요. 여기 있으려면

착하게 굴어야 돼요." 유복이는 몸소 겪은 일이 있었기 때문에 잘 알 았던 것이다.

노파가 아이를 해치기 전에 아이를 잡으려고 의사 선생님이 앞으로 뛰쳐나갔지만 유복이는 손을 저어 만류했다.

"의사 선생님, 거기 계세요. 내가 말 잘 듣게 할게요."라고 그는 말 했고, 바로 그렇게 실행했다.

노파는 끈으로 묶여 있던 손을 힘차게 빼낸 다음 어린아이를 품에 안고 애정 어린 말로 그를 어르면서 천천히 몸을 앞뒤로 흔들었다. "오, 내 새끼, 내 새끼, 잃어버린 내 손주가 돌아왔구나. 아들, 아들. 왜 이렇게 오래 떠나 있었던 거야? 사람들이 너를 땅에 묻었는데 일어나 서 나한테 돌아왔구나. 다시는 나를 떠나지 마라."

구경꾼들은 유복이가 소리를 지를 것이라 예상하고 두려움에 차 있 었다. 그러나 우리의 꼬마는 본성을 발휘했다. 인생의 사명을 찾은 것 이다. 작은 갈색 손으로 할머니의 얼굴을 토닥거리고 여러 갈래로 땋 은 작은 갈색 머리를 낮설고 차가운 가슴에 기대면서 그는 "응, 할머 니, 말 잘 들으면 계속 여기 있을게."라고 말하였다.

그녀는 유복이를 죽은 손자로 착각한 것이고 유복이는 본능적으로 그 위치를 받아들였던 것이다. 할머니의 귀여움을 좀 더 받은 후 그는 매달리는 할머니의 품에서 빠져나와 말했다. "선생님, 끈을 치우세요.

이제 말 잘 들을 거예요. 할머니에게 '밥' 좀 드리죠."

간호사들은 음식을 준비했고 유복이가 자기의 밥그릇을 옆에다 두고 먼저 할머니에게 밥을 한 순갈씩 먹이는 것을 바라보았다. 밥을 먹고 나서 할머니는 유복이가 밥을 먹는 것을 바라보았다. 그녀는 이따금씩 유복이에게 애정 어린 중얼거림을 하는 것을 빼고는 아주 조용했고 그 말에 유복이는 환한 미소로 대답했다. 그것을 보고 할머니의 가슴은 더 빨리 뛰었고 간호사들은 유복이가 너무나 사랑스러워서 꼭 깨물어주고 싶었다. 식사가 끝나자 유복이는 새로 얻은 할머니에게 누우라고 말하고 자기도 그 옆에 누워 자장가를 불러드렸다.

그런데 이 시점에서 설명해야 할 게 하나 있다. 유복이는 컨디션이 좋을 때는 병원 옆에 있는 교회의 예배를 매주일 다녔었다. 아침 기도 시간마다 다른 환자들과 함께 성경 구절을 배우고 외우라는 권유도 받았다. 그는 겉으로는 그렇게 하려는 것처럼 보였지만 병원에서 지내는 2년 동안 한 구절만 완벽하게 외웠는데 그것은 "예수께서 우셨다"였다. 다른 구절의 첫 번째 단어와 마지막 단어를 외운 적이 있는 건 사실이지만 그 이상은 나아간 적이 없었다. 주기도문도 마찬가지로 앞뒤가 잘렸다. "하늘에 계신 우리 아버지 예수님의 이름으로, 아멘." 이것이 그가 아는 전부였다. 그리고 찬송가로 말할 것 같으면,

예수 사랑하심은

성경에 쓰여 있네.

후렴 부분의 "날 사랑하심"이 그가 외운 전부였다. 그에게 배우는 능력이 없다고 생각하여 모든 사람이 그를 가르치는 것을 포기했다. 그러나 유복이가 제 몫을 다하게 된 바로 그 놀라운 날에 그는 전에는 자발적으로 외운 적이 전혀 없는 주기도문의 많은 문장들을 부드럽게 암송할 뿐 아니라 그 찬송가의 전체 가사와 후렴을 할머니에게 불러 주었다. 이어서 그가 결코 외울 수 없다고 여겨졌던 성경 구절 하나를 거의 완전히 암송하기도 했다.

할머니는 마침내 잠이 들었고 작은 꼬마가 할머니 곁을 떠날 때 의사와 간호사 할 것 없이 모두 그를 붙잡고 예뻐해 주는 바람에 그의 작은 심장은 그에게 쏟아진 풍성한 사랑으로 차고 넘치는 것 같았다.

유복이는 잠에서 깨어나 자신을 찾는 할머니의 울부짖음 때문에 오후의 낮잠에서 깨어났다. 작은 침대에서 뛰어 일어난 그는 달려가서 할머니에게 말을 걸어 그녀를 다시 진정시켰다. 잠시 후 그는 자신이 밖에 나가서 놀아야 한다고 할머니에게 설명했다. 할머니는 유복이를 보내고 싶어하지 않았다. 그러나 유복이는 간호사가 자기에게 갖다 준 점심을 할머니에게 먼저 먹이고 자신도 먹고 난 후 정원에 나가서 놀아도 좋다는 허락을 받았다. 할머니는 창문에서 그를 바라볼 수 있었고 아주 조용한 듯 보였다. 그러나 두 시간쯤 지나 유복이가 깜박 잊고 병원 뒤로 달려가자 유복이가 안 보인 할머니는 다시 한 번 분노에 사로잡혔다. 바깥에서 그 소리를 들은 유복이는 달려 들어와 할머니의 품에 뛰어들어 그녀를 달래고 나무랐으며, 할머니가 말을 잘 들으면 예수님이 사랑하실 거라는 이야기를 해 주면서 자신의 새 '두루마기'를 자랑스럽게 보여주었다. 사자 같은 할머니는 다시 양이 되었으며 소년은 승리를 얻었다.

거의 2주 동안 유복이는 불쌍한 할머니를 도맡아 돌보면서 할머니가 목욕하거나 옷을 입을 때 옆에 서 있었고 간호사가 도와달라고 하는 것은 무엇이든지 하였다. 그러던 중 할머니가 어떻게 지내는지 보려고 할머니의 친척들이 다시 한 번 왔다. 할머니가 조용한 걸 보고 그들은 할머니를 집으로 모셔가기로 결정했다. 의사는 환자에게 유복이가 한 일을 설명하고 아직 의학적 치료가 더 필요함을 설명하면서 그러지 말라고 간청했지만 그들은 듣지 않으려 했다. 사람들이 할머니를 들어서 조선식 가마에 태우는 동안 유복이는 한쪽 팔로 할머니의 목을 꼭 감고 할머니 곁에 서 있었다. 할머니는 자기 무릎에 유복이를 앉혔고 유복이는 병원 문까지 실려 갔지만 의사 선생님이 그를 들어서 품에 안았다. 거기서 그는 손을 흔들어 작별인사를 하면서 말을 잘 들으면 할머니를 보러갈 것이고 예수님이 할머니를 사랑하신다고 말했다. 할머니는 유복이를 불렀고 가마가 길을 따라 내려갈 때 다시 발광을 할 것처럼 보였다. 의사 선생님이 유복이를 병원 안으로 데려갈 때 유복이는 한숨을 쉬며 말했다. "할머니는 나하고 같이 있어야 돼요. 내가 없으면 말을 안 들어요. 선생님, 할머니가 예수님을 알 때까지만요. 제가 가르쳐 드릴 수 있어요."

"그럼, 그렇고말고." 하고 선생님은 유복이가 알아듣지 못하는 말로 말했다. "작은 어린이가 그들을 인도할 것이다."

이야기가 너무 길어졌지만 물론 여러분들은 결말을 알고 싶어할 것이다. 전도 부인은 이번 사례를 계속 추적했고, 할머니가 유복이를 부르면서 여러 번 광란을 했지만 예수를 믿는 이웃이 "예수님이 할머니를 사랑하세요."라고 말해 주면 잠잠해졌다는 것을 알게 되었다.

2주도 안 되어 질병과 노쇠가 마침내 기승을 부려 할머니는 돌아가시고 말았다. 그러나 예수 믿는 이웃 사람이 들은 할머니의 마지막 말은 "유복이가 그랬어. 예수님이 사랑하신다고. 예수님이 사랑하신다고."라는 말이었다. 그리고 지친 육신은 마지막 주인인 죽음에 굴복했다.

사람들은 할머니가 돌아가셨다는 것을 유복이에게 말하지 않았지만 어린 소년은 급속도로 기력을 잃어갔다. 일 년 이싱 그는 아프다가 좀 나았다가를 반복하면서 버텼고 어느 날 의사 선생님이 그를 잠시 품에 안았을 때 그는 미국으로 가버린 병든 선교사와 자기가 "착하게 만들려고 했던" 할머니를 찾았다. 그는 의사 선생님의 귀에 속삭였다. "사람들, 내 친구들은 모두 떠나서 돌아오지 않아요. 나도 너무 피곤해요, 선생님." 그리고 선생님은 눈물을 글썽이며 말했다. "그래 쉬어라." 그리고 몇 시간 후 유복이는 예수님과 함께 안식을 얻었다.

8. 경성에서 온 편지

19__년 9월 16일

사랑하는 동생에게,

오랫동안 미루었던 조선에서의 소식을 이제 전하려 해. 편지를 재미있게 쓸 수 있으면 좋겠지만 내가 집을 떠나오기 전에 네가 부탁했던 것처럼 "모든 걸 말할" 수는 없을 것 같구나. 경성의 동대문이라는 곳에서 도시를 굽어보는 언덕 위에 미국인이 지은 선교사 사택의 내 서재에 앉아 도시를 바라보노라면 내 편지가 이 이상한 "조용한 아침의 나라"의 모습을 너에게 절대로 떠올리게 할 수 없을 거라는 느낌이 들지만 최선을 다해 볼게.

“산들이 예루살렘을 두른 것처럼 여호와를 경외하는 자들을 주께서 보호하신다”는 성경 구절을 생각나게 하는 두 개의 산맥이 작은 도시를 감싸고 있는 것을 한번 상상해 보렴. 이 도시는 수천 년이나 되었다고 하는 성벽에 둘러싸여 이렇게 갇힌 상태로 자리를 잡고 있어. 성벽은 많이 훼손되었지만 여전히 성벽의 모습을 하고 있고 네 개의 대문이 벽을 관통하고 있어. 북대문, 남대문, 서대문, 그리고 우리가 있는 이층 높이의 동대문이 있지. 출입구는 좁고 작으며 위에 아치가 있어. 2층이라고 부를 만한 곳은 옛날에 병사들이 적이 문을 통과하는 것을 막았던 곳이라고 해. 대문의 이층 부분 끝에는 우습게 생긴 작은 돌 원숭이가 자리를 잡고 있어. 이 원숭이들은 도시로 들어와 주민들에게 해를 끼칠 수 있는 악한 귀신을 막아내는 데 큰 도움이 된다고 하는군. 이건 조선의 오래된 미신 중의 일부야. 모든 대문에는 지붕 끝에 이런 이상한 조형물들이 자리를 잡고 있고 가까이 가보면 정말 괴상하게 생겼어.

네가 이곳에 와서 직접 볼 수 있으면 얼마나 좋을까. 그게 가장 좋을 거야. 언젠가는 그렇게 할 수 있겠지만 지금 너는 집에서 모든 사람의 사랑을 받는 미국의 어린 소녀일 뿐이잖아. 너의 삶은 두려움이나 미신으로부터 자유로우니 옛 조선이 왜 지금까지 오랫동안 미신 속에 살아왔는지 이해하기 힘들 거야. 나처럼 언젠가는 너도 이곳에 와서 조선의 두려움과 문제들을 다 몰아내고 조선과 미국을 다같이 사랑하시는 예수님에 대해 이야기해 주면 좋겠다. 하지만 너는 아직 어린 소녀이니 공부도 많이 해야 하고 키도 많이 자라야 하고 조선에 올 만큼 커야지. 그러니 네가 넓은 태평양을 가로질러 올 차례를 기다리는 동안은 나와 함께 조선의 수도인 경성이라는 도시를 구경하는 여행을 다녀보자꾸나.

이제 우리는 도시 밖으로 몇 마일을 달리는 차를 타고 대문을 지나 도시를 가로질러 3마일 떨어진 서대문으로 갈 거야. 전차는 조선으로서는 새로운 모험이야. 미국인 광산주들이 동대문 안쪽에 발전소를 설치했고 도시를 관통하는 한 개의 선로와 몇 개의 전차를 가지고 있어. 전차는 양쪽이 열려 있고 사람들은 서로 등을 지고 앉게 되어 있어. 그리고 전차의 중앙에 작은 닫힌 공간이 있는데 크지는 않지만 겨울에는 바깥에 있는 선반 모양의 좌석보다는 훨씬 따뜻해. 조선인 운전수와 차장이 전차를 운행하는데 전차가 처음 선로에 다닐 때는 전차가 다가올 때 구경하면서 서 있는 사람들을 선로에서 물러나도록 하기 위해 차장을 전차보다 먼저 내보내야만 했다고 하더구나. 어떤 사람은 선로의 높이가 집에서 사용하는 베개 높이인 것을 보고 (조선 사람들의 베개는 목 뒤에다 대도록 되어 있어) 선로에 지친 몸을 누이고 금방 잠이 들었다고 해. 이런 일들이 시간을 잡아먹으면서 한동안 전차는 하루에 두 번밖에 운행하지 못했대. 주의를 했음에도 불구하고 몇 명의 조선 사람들이 다쳤고 사람들이 전차를 습격하려 했어. 하지만 이제는 운행을 잘 해서, 차가 제 시간대로 운행한다면 45분에 3마일의 속도로 도시 반대편에 갈 수 있어.

우리가 전차를 탄다고 상상해보자. 우리는 바깥을 구경할 수 있도록 바깥쪽에 앉을 것이고 길이 군데군데 험해서 떨어질지 모르니까 좌석의 옆을 꼭 잡도록 해야 돼. 먼지 때문에 당황하지는 마. 조선에 살려면 먼지에 익숙해져야 하니까. 자, 이제 출발이다. 우선 주택_{house}들이 눈에 띌 거야. 거친 돌을 짚으로 서로 엮어서 그 위에다 진흙을 바른 낮은 오두막에 지나지 않지. 너는 그것을 오두막이나 움막이라고 부르겠지만 조선 사람들이 집_{home}이라고 부를 수 있는 건물은 그게 유일해. 아니 조선 사람들은 그걸 집이라고 부르지 않아. 조선말로는 그게 그냥 주택이란 뜻이야. 이교도를 믿는 사람들은 집이나 음악, 병자와 고통받는 자를 돌보는 것, 치유를 하는 의술과 외과수술에 대해 알지를 못해. 이런 것들은 예수님이 다스리는 땅에만 속한 것이란다. 이 주택들의 지붕이 짚으로 만들어진 것이 보이지. 기와로 지붕을 만든 주택도 있어. 기와지붕이 오래가지만 값이 비싸기 때문에 그 주택의 주인은 이웃들보다 돈이 더 많을 거야.

연기! 그래 그건 주택의 굴뚝에서 나오는 거지만 굴뚝은 주택 아래에 있어. 공기가 통하는 연통이 방바닥 밑에 만들어져 있고, 그 속에다 나무를 태워서 거기서 연기가 나오는 거야. 나무를 태운 열기로 시멘트 바닥을 덥히고, 바닥에다 기름을 입힌 종이를 붙이고 의자 대용으로 방석 한두 개를 놓으면 앉기가 아주 편안해질 거야. 하지만 전차는 계속 진행하기 때문에 우리는 사물들을 자세히 볼 수가 없어. 짐꾼을 좀 봐. 그는 등에 무거운 쌀가마니를 지고 있지만 조선에서 매우 중요한 사람이야. 그는 조선의 짐꾼이야. 집들 사이로 난 좁은 골목길은 수레가 들어가기에는 너무 작아서 조선에서는 사람이 짐을 나르게 되었어. 그는 150파운드 혹은 250파운드 나가는 너의 트렁크를 등에다 끈으로 묶고 서너 시간씩 꾸준히 걸어서 산을 넘고 시골로 나갔다가 그 짐을 싣고 그날 다시 시내로 들어와도 전혀 피곤한 기색을 보이지 않을 거야. 그러나 그 사람이 꼭 필요하다는 인상을 주어서는 안 돼. 그랬다가는 원래 가격의 여섯 배는 주어야 할 거야. 큰 도로를 다니는 수레들은 쌀가마니를 몇 개씩 싣고 다니지. 수레는 소들이 끌지만 가끔 여러 남자들이 끌기도 해. 하지만 수레는 큰 길에서만 다닐 수 있어.

다음에는 수평으로 된 막대를 등에 지고 양쪽에 양동이를 매단 물장수를 볼 수 있어. 조선에서는 물을 구하기가 어려워. 오래된 미신이 아직도 사람들을 괴롭히고 있어. 사람들은 자신들의 나라가 용의 등에 올라타고 있다고 상상해 왔고 만약에 물을 얻기 위해 우물을 파면

용이 노해서 지진과 무서운 재앙이 뒤따를 거라고 두려워하고 있어. 그래서 물은 강에서 길어 오거나, 용의 분노를 무릅쓰고서라도 우물을 팔 만큼 용기 있는 사람의 우물에서 가져와야만 돼. 그래서 집집마다 물을 사먹고 있고 매우 비싼 편이야.

조선에서 목욕은 빨래를 하는 곳, 즉 도시에서 좀 떨어진 강으로 흘러가거나 강에서 흘러나오는 개천이나 도랑에서 주로 하지. 사람들은 흰 옷을 입는데, 만약 너라면 "그다지 희지 않은데."라고 말할 거야. 맞아, 그다지 희지 않아. 하지만 우리 옷도 서너 달, 혹은 다섯 달에 한 번씩만 빤다면 그렇게 희지 않을 거야. 집안에 식구들이 많기 때문에 각자의 옷을 돌아가면서 빨려면 시간이 한참 걸리지. 그 옷들은 뜯어서 속에다 댄 솜을 모두 끄집어 낸 다음 개울가에 있는 돌에다 대고 두드려야 돼. 그런 다음 그 옷감을 우스꽝스럽게 생긴 나무 롤러에다 둘둘 말아서 다림질 하는 막대기로 다리는데, 이 나무 막대기들로 롤에 감겨 있는 옷감이 광택이 나고 깨끗하고 멋지게 보일 때까지 옷감을 때리게 되지.

옷감은 대개 옥양목이야. "아이들이, 많은 아이들이 색깔이 있는 옷을 입고 있어."라고 너는 반문할지도 몰라. 그래 맞아. 하지만 옷감의 색이 빠지기 때문에 세탁을 한 다음에는 염색을 다시 해야 돼. 조선에서는 아직 색이 빠지지 않는 염색을 몰라. YMCA가 직업학교를 성

공적으로 운영하게 되면 조선 사람들도 색이 빠지지 않는 염색법과 처리를 다르게 하는 법을 곧 배우게 될 거야.

"옷을 입지 않은 아이가 있어."라고 너는 말하겠지. 그래, 5월 1일부터 10월 1일까지의 기간에는 그게 자연스러운 일이야. 부모들은 덥기 때문에 아이들이 옷을 입을 필요가 없다고 주장하지. 그래서 어린 애들이 여덟 살이나 열 살이 될 때까지는 짚신과 땋은 머리에 묶는 댕기만을 걸치고 햇빛을 받으며 거리를 뛰어다녀. 대부분 사내아이들이지. 선교사들은 아이들이 옷을 입어야 한다고 우기지만 아이들은 그걸 싫어해. 일전에 어떤 전도 부인이 내게 와서 크리스천들이 아이들에게 옷을 입히는 걸 도와주기 위해 어떤 구역을 매일 방문했다는 이야기를 들려주었어. 어느 날은 어떤 사내아이가 완전히 발가벗고 있는 걸 보았대. 전도 부인은 그 아이가 새로 예수를 믿게 된 가족의 아이인 걸 알아보고 그의 집으로 가서 어머니를 만나 옷을 입혀야 한다고 말했지. 그 어머니는 힘들어 하면서 설명했대. "오, 부인, 오늘 네 번이나 옷을 입혔는데 애가 네 번이나 옷을 벗어젖히고는 내가 집에서 다른 일을 하느라 분주한 사이에 그걸 둘둘 말아서 문간에 던져 놓았어요. 옷은 찾았지만 아이는 찾을 수 없었어요. 거리로 이 아이를 찾으러 가서 붙잡을 때마다 혼을 내주고 때려주었는데도 옷을 벗으니 어떻게 하면 좋아요?" 전도 부인은 사람 꼴을 한 어린 괴짜 녀석을 내려다보고 그의 빛나는 갈색 눈을 보며 말했지. "다른 예수 믿는 아이들처럼 왜 옷을 안 입는 거냐?" 김씨 집안의 희망인 아이가 대답했어. "그런데 옷은 왜 입어야 되는 거예요? 날씨가 덥고 나는 춥지 않아요. 옷은 거추장스럽기만 해요. 우리 부모님은 모두 예수쟁이지만 나는 아니에요. 더워서 옷을 입기 싫으니까요."

나의 사랑하는 동생아, 전도 부인이 이 말을 내게 해주었을 때 나는 네가 어릴 적에 집과 정원을 뛰어다니고 싶어하던 것이 생각났단다. 우리가 신발과 스타킹을 벗은 너를 길거리에서 붙잡았을 때 너는 "하지만 너무 더워. 신발과 스타킹은 거추장스럽기만 해. 신문 파는 사내아이들은 신발과 스타킹을 안 신는데 왜 나만 신어야 해?"라고 반문했지. 하지만 다 자라서 신발과 스타킹의 필요성을 아는 너에게 지금 이것을 상기시키는 건 치사한 일일 거야. 틀림없이 그 어린 사내아이도 지금은 옷의 필요성을 알겠지만.

"말을 좀 봐!"라고 너는 말하겠지. 그건 말이 아니란다. 그건 조선종의 작은 조랑말이야. 모두 약간은 사나워. 저 말은 등에다 나뭇짐을 졌구나. 누군가의 땔감이겠지. 가난한 사람들은 통나무 대신에 나뭇가지를 땔단다. 통나무는 비싸니까. 조선의 조랑말은 아주 재미있어. 조선에서 결코 "개종"하지 않을 존재가 있다면 그건 조선 조랑말일 거라는 생각이 들어. 다른 조랑말이 모두 그렇듯이 이 말은 더럽지. 그런데 조선의 조랑말이 갑자기 깨끗한 몸이 되기를 결심하는 방법은 아주 흥미로워. 몸을 씻으려는 조랑말의 노력은 대개 조랑말이 선교사의 식량과 침구를 등에 실었거나 긴 시골 여행을 하기 위해 선교사가 등에 탔을 때, 그리고 앞에 개울이 보일 때 시작되지. 조선에는 개울을 건너는 다리가 거의 없어서 조랑말은 반대편 둑까지 개울물을 조심스럽게 헤치고 건너라는 명령을 항상 받게 되지. 그런데 바로 그때 목욕을 하고 싶다는 욕망이 대개 조랑말을 자극하게 돼. 조랑말이 물에 드러누우면서 짐을 던져 버리거나 모험심 많은 선교사를 떨어뜨려버린 후, 일어나서 그나마 등에 남아 있는 짐을 흘리면서 적어도 1마일은 달려 도망치는 것은 정말 놀라운 재주야.

어느 날 어떤 선교사가 조랑말에 실은 이불 위에 올라앉았어. 조랑말은 선교사를 싣고 안전하게 물을 건너 맞은 편 둑을 올라가기 시작했어. 조랑말이 둑을 반쯤 올라가 선반처럼 생긴 곳에 다다랐을 때 쉬기 위해 멈추었고, 조랑말을 인도하던 사내아이의 명령에 4피트 정도밖에 되지 않는 나머지 경사를 올라가기 위해 출발을 했지. 갑자기 조랑말은 장난스럽게 머리를 흔들더니 날씬한 다리를 한두 번 움직여 침구를 실은 짐을 헐겁게 한 다음, 침구를 내려놓기에 최대로 안성맞춤인 자세를 취하더니 짐을 자신의 갈색 등짝 밑으로 미끄러지게 만들었지. 짐이 땅에 떨어져 짐 밑에 선교사가 깔리고 선교사 밑에는 뒤따르던 소년이 깔리자, 조랑말은 나머지 경사를 유유히 올라가 돌아서더니 웃었어. 그래 내 어린 동생아. 그 말은 밉살스런 외국인이 떨어진 걸 내려다보면서 진짜로 웃었어. 한편 선교사 밑 어디선가 소년이 가냘픈 목소리로 "나 완전히 죽었어요. 근데 부인, 어디 계세요? 다쳤어요?"라고 말했어. 선교사는 짐을 얼굴에서 밀어내면서 겨우 숨을 쉬며 말했지. "아니, 안 다쳤어. 그냥 쉬는 거야. 말은 어디 있어?" 그 질문에 대한 대답으로 그녀 밑 어디선가에서 목소리가 났어. "부인께서 약간 물러나 땅에서 휴식을 취하면서 제가 나가게 해 주시면 말을 찾아볼게요." 또 다시 조랑말은 크게 웃었어. 그런데 있잖아. 밑에 깔린 소년을 놓아주고 위에 깔린 침구를 밀어내면서 선교사가 일어나 앉았을 때 그 모습이 네 언니와 너무나 닮았단다. 하지만 이런 이야기를 아무에게도 할 필요는 없단다. 그때부터 그 선교사는 조선의 가마를 타고 개울을 건넌단다. 그때 이후로 조랑말이 싫어졌어. 웃음이 너무 헤퍼서 말이야.

아, 여기 편자를 새로 신는 조랑말이 있네. 알다시피 조랑말은 사방에서 묶어야 돼. 머리를 묶고, 꼬리는 한쪽 다리에 묶고, 다리는 각각 네 개의 기둥에 따로 묶어야 돼. 그리고 남자 두 명이 또 조랑말을 붙잡아야 돼. 조랑말은 새 편자를 신는 걸 좋아하지 않아. 조심하지 않으면 저 조랑말이 이것도 거뜬히 거부하고 말거야.

자, 이제 우리는 경성의 중심 상가 지역에 나왔어. 여기는 길을 향해 직접 열려 있는 상점들이 있지. 보다시피 경성의 거리에는 보도가 없어. 미국에서는 보도에 해당하는 곳에 물건들이 다 나와 있지. 밤에는 물건들을 가게라고 불리는 상자처럼 생긴 구조물 속에 다 쌓아놓지. 두꺼운 판자를 앞에 있는 홈통을 따라 끼워 넣으면, 자, 가게가 안전하게 닫힌 거야. 여기에 짚으로 만든 물건이라곤 죄다 파는 가게가 있는데 사람들이 짚으로 별별 것을 다 만드는 걸 보면 입이 딱 벌어질 지경이야. 솔, 빗자루, 방석, 돗자리, 아버지를 여읜 아들들이 쓰는 굴건, 바구니, 신발, 그리고 이루 설명할 수 없는 많은 것들을 만들어. 다음 가게는 경성의 몇 안 되는 우물에서 물을 길어오거나 물장수에게 물을 사올 때 쓰는 물 항아리를 파는 곳이야. 우리 마당에도 우물이 있어. 마당이란 담으로 둘러싸인 막힌 땅의 구획을 말하는데 각 선교국에 속한 건물들이 그 안에 있어. 다시 물 항아리 이야기로 돌아가자면 나는 종종 예수님이 팔레스타인에 살던 시절에 사용했던 물 항아리가 바로 이런 게 아닌가 생각하곤 해. 그래, 이 사람들은 갈릴리 가나의 혼인 잔치에서 품질 좋은 포도주로 물 항아리를 채웠듯이 "생명수"로 그들의 삶을 채울 수 있는 스승에 대해 곧 배우게 될 거야.

"여자들이 많이 안 보이네."라고 너는 말하는구나. 그래, 여자들은 우리나라에서처럼 밖에 잘 나다니지를 않아. 집안에서 나이가 든 아낙네들만이 나가서 빨래를 하지. 예수님 시절에 그랬듯이 항아리를 머리에 이고 가는 여자가 있구나. 조선의 여자들은 아주 고립되어 있어. 너만 한 어린 여자아이들도. 그래, 사랑하는 동생아, 내가 보내준 "조선의 소녀들"의 사진을 보렴. 이 밝은 어린이들이 청결함과 예수님의 성품을 배우고 있다는 것, 그들의 집이 선교사들의 전도로 인해 진정한 의미에서 가정이 되어 가고 있다는 사실을 기뻐해 줘.

조선 남자들의 모자를 눈여겨보았니? 말총으로 만든 저 검은 모자는 결혼한 남자들만 쓰는 거야. 결혼하기 전까지 사내아이들은 여자아이들처럼 머리를 땋아 등 뒤에 늘어뜨리지만 결혼을 하면 머리 중앙에 있는 머리카락을 밀고 나머지 머리카락은 머리 꼭대기에 상투를 틀어. 말총으로 만든 밴드를 머리 주위에 두른 다음 모자를 쓰고 끈을 턱 밑에 묶지. 남자는 아침에 일어나서 밤에 잘 때까지 모자를 쓰고 있어야 해. 우리와는 반대로 집안에서는 모자를 쓰고 샌들 같은 신발은 벗어. 모자 위에 비를 가리는 모자를 덧쓴 남자 두 명이 걸어가는군. 비를 가리는 모자는 기름종이로 만들어졌고 다른 모자 위에다 끈으로 묶어. 접으면 부채처럼 보여. 그리고 남자들은 비가 올 때를 대비해서 항상 그걸 가지고 다니지. 어떤 여자 선교사는 여기 온 지 한 달 정도 되었을 때 집에다 편지를 썼는데 조선어 선생님이 한겨울인데도 항상 부채를 가지고 다닌다고 가족들에게 말했대. 부채라고 생각했던 것이 사실은 비를 가리는 모자였던 거지. 나중에야 알았지만.

서대문에 거의 다 왔으니 우리의 여행을 끝내야겠다. 서대문 근처에는 황제의 궁궐이 있는데, 거기에는 내가 그에 대한 이야기를 곧 쓰려고 하는 왕자가 살고 있어. 그는 아주 똑똑한 젊은이로서 허락만 된다면 외국의 방식과 습관에 대해 배우고 싶어 해. 여기는 또 장관들이나 영사들이 사는 각국의 공관이 있어. 이곳은 또한 우리가 선교를 활발하게 펼치는 중심지인데 여학교와 남학교, "만인여성 구원병원"이라는 이름의 우리 병원, 몇 개의 우리 교회들이 있는 곳이야.

이따금씩 이 병원에 있는 사람들에게 대한 이야기와 내 경험을 네게 편지로 말해줄 수 있기를 바란다. 네가 "이야기처럼 말해 줘."라고 항상 말하기에 너를 기쁘게 하기 위해서라도 앞으로는 이야기식으로 편지를 쓰려고 노력할게. 내가 밤기차를 타고 집을 떠나던 마지막 밤에 졸리고 피곤한 몸으로 잠자리에 들면서 네 작은 팔로 내 목을 껴안고 내게 키스하던 감촉을 오늘 이 편지를 쓰면서도 느낄 수 있으니 말이야. 너를 다시 보려면 몇 년이나 기다려야 하는 것이 아쉬워. 내가 너를 꼭 안았을 때 네가 했던 말을 기억하니? 졸리는 목소리로 "오래 있지 마, 언니. 조선의 아이들에게 예수님 이야기를 해주고 오래 있지 말고 빨리 돌아와."라고 했던 말을 기억하니? 귀여운 동생아, 나는 지금 그 일을 하고 있어. 하지만 그건 빨리 할 수 있는 일이 아니어서 언니가 돌아가려면 좀 더 기다려야 할 거야. 내 목을 껴안는 너의 팔의 감촉을 느끼면서 너처럼 행복한 운명을 타고 나지 못한 아이들을 찾아 조선의 골목과 울타리를 헤매고 다니는 것은 어쩌면 너를 위해서이기도 하단다. 매미야, 나는 그들을 너무 사랑해. 내 마음에는 사랑스러운 너와 함께 조선의 아이들이 있단다.

사랑하는 언니가,

M___.

9. 종소리가 울린다

우리가 운영하는 몇몇 시립 병원에서는 응급 환자가 도착할 때마다 종이 울린다. 하나의 종이 울리는 것은 응급 환자를 뜻한다. 그러나 이 종은 재난의 종소리이며 중국에서 울리고 있다. 한 남자가 나무에서 떨어져 만신창이가 되어 고통 속에 누워 있다. 왜 아무도 그의 신음 소리를 듣지 않는 걸까? 의사와 응급처치 같은 도움이 필요한데 그건 어디에 있는가? 아, 우리는 지금 중국에 있다. 여기는 의사가 없다. 많은 사람들이 그를 쳐다보면서 지나가고 그냥 죽도록 내버려둔다. 어떻게 해야 할지도 모르고 신경도 안 쓴다. 지식과 동정은 다른 나라에 있다.

딸랑딸랑! 종이 다시 울리는데 이번에는 우리가 사는 도시다. 몇 분이 흘러간다. 그 남자는 우리의 시립 병원으로 조심스럽게 운송된다.

마취제가 투여되고 엑스레이를 찍은 후 환자는 깨어나서 다리가 없어진 걸 알게 되지만 생명은 건졌고 속히 회복될 전망이다. 지금 울린 종은 기독교 나라에서 울린 것이고 첫 번째 종은 외국에서 울린 것이며 거의 모든 의사들은 이곳에 있다.

하지만 들어보라! 두 개의 종이 울리고 있다. 마법의 종이다. 생명을 구하기 위해서는 수술이 시급하다. 그렇다. 하지만 수술은 시행되지 않고 생명도 구하지 못할 것이다. 그 호출은 시암Siam에서 왔고 거기는 대기 중인 의료 선교사가 없다. 두 개의 종이 울리는데 거기다 무슨 대답을 주었는가? "고국에도 할 일이 많다."는 대답이다.

세 개의 종이 울린다. 얼마나 사람을 놀라게 하는지! 환자가 생겼다. 아이가 경련을 일으켰는데 서두를 필요는 없다. 세 개의 종이 울리는 소리는 아프리카에서 들려온다. 주술사가 아이를 위해 처방을 하고 귀신을 쫓아내기 위해 빨갛게 달군 쇠꼬챙이로 아이의 머리를 찔러 관통시킨다. 귀신은 사라졌지만 그와 함께 영혼도 가버렸다. 아이는 적어도 고통에서는 해방되었다.

우리의 고국에서도 세 개의 종소리가 들린다. 병에 걸린 아이는 미국에 있는 아이, 사랑하는 우리 아이 중의 한명이다. 곧 의사가 온다. 간호사들의 조용한 발자국 소리, 갓을 씌운 전등, 그리고 어린 환자의 고통을 덜어주기 위해 모든 기술이 동원된다. 한 시간, 두 시간이 지나

가고—그래, 그 아이는 살게 될 것이다. 하지만 이곳은 미국이다. 왜 이런 차이가 나는가? 하나님이 미국 어린이들을 가장 사랑하시는가?

그러나 이제 네 개의 종이 울리고 있다. 고국에서. 의사 선생님, 빨리요! 간호사 선생님, 서둘러요! 당신들의 기술에 두 명의 목숨이 달려 있어요. 구호 대상 환자이지만 어머니와 아이에게 얼마나 세심한 치료가 행해지는지!

하지만 또 들어보라! 네 개의 종이 인도의 규방에서 크고 분명하게 울리고 있다. 오, 여자 의사들이여! 이들이 받는 고통과 잘못된 치료와 필요한 도움이 보이지 않는가? 하지만 도와줄 사람이 아무도 없다. 아기는 살아나지만 여자애일 뿐이다. 어린 산모도 위로하고 돌봐 줄 사람이 없이 불행, 고통, 멸시의 삶으로 돌아가야 한다.

오, 종소리가 울린다! 응답이 없는 그 외침은 우리의 머리를 돌게 하고 가슴을 찢어놓을 것 같다. "추수의 주님이시여, 일꾼을 보내주소서!" 그러나 "내가 여기 있사오니 나를 보내소서!"라는 응답을 함께 외치지 않는다면 우리의 기도는 얼마나 헛된 것인가.

역자 후기

『조선에서 가장 행복한 소녀』는 1900년대 초 우리나라에 감리교 선교사로 와서 활동했던 미네르바 구타펠 여사가 자신이 실제로 겪은 일을 토대로 잡지에 연재했던 것을 책으로 다시 엮은 것이다. 서양 문물을 막 받아들이기 시작한 우리나라 개화기의 여러 가지 풍물들을 외국인의 호기심에 찬 눈으로 묘사하고 있는 이 책은 새로운 문명과 오래된 가치관 사이에서 갈등하는 그 당시 사람들의 삶을 엿보게 해 준다.

구타펠은 선교사이면서도 상당한 스토리텔링의 재주를 가진 작가로 보인다. 이 책에 수록된 여러 편의 이야기들은 3인칭 관찰자 시점부터 1인칭의 주관적 시점에 이르기까지 다양한 내레이션의 기법들을 사용하여 독자가 끝까지 흥미를 갖고 주의를 집중할 수 있도록 하고 있다. "조선에서 가장 행복한 소녀" "유복이" "금빛 십자가 밑에"와 같은 이야기들이 어려운 환경에서 치료와 재활을 통해 새로운 삶을 찾게 된 어린이들의 모습을 관찰자의 입장에서 동정하는 시각으로 그려졌다면, "어느 조선 아기의 생각"은 어린 아기의 1인칭 시점에서 서술되었다. "조선의 왕자에 지나지 않아" "왕자의 놀이"와 같은 이야기는 호기심 많고 활동적인 사춘기 나이의 왕자가 신분 때문에 마음대로 뛰어놀지 못하는 좌절감을 유머러스하게 그리고 있으며 "경성에서 온 편지"는 여행자의 눈으로 조선의 이국적인 풍물들을 고국에 있는 동생에게 전하는 형식을 취하고 있다.

많은 이야기에서 구타펠은 어려운 상황을 낙관적이고 유머러스하게 바라보는 눈을 잃지 않는다. "어느 조선 아기의 생각"에서는 여자 아이가 태어났다는 실망스러운 사실에 각각 다르게 반응하는 아버지와 어머니의 모습을 코믹하게 묘사하고 있으며, "유복이"에서 병들고 왜소한 몸집의 유복이를 간호사들이 갖가지 장식과 치장을 해주어서 형언할 수 없는 매력을 갖게 되었다고 표현한 부분도 독자에게 미소를 떠올리게 한다. "왕자의 놀이"에서 왕자의 명령에 복종할 수밖에 없는 둔한 몸집의 수행원들이 나무에 올라가느라 낑낑대며 땀 흘리는 모습도 코믹하게 표현되었다. "경성에서 온 편지"에서는 길을 가다가 개울만 만나면 짐과 함께 등에 탄 사람을 물속에 빠뜨리는 버릇이 있는 조선의 조랑말을 설명하면서 작가 자신도 말에서 떨어졌던 경험을 코믹하게 이야기한다.

작가가 여성이어서 그런지 몰라도 이 책에는 조선의 유교적 사회에서 억압받고 학대받았던 여성들의 이야기가 많이 나온다. "조선에서 가장 행복한 소녀" "어느 조선 아기의 생각" "금빛 십자가 밑에"에 나오는 안나(옥분이), 아기, 폴린은 모두 여성을 천하게 여기는 당시 사고방식의 희생자라 할 수 있다. 안나는 부모들이 동생들을 먹여 살리기 위해 부잣집에 판 소녀이다. 그녀는 그 집에서 굶주림과 추위를 겪으며 고된 일과 매질까지 당하다가 동상에 걸려 손과 발이 잘리는 고통을 겪었다. 조선의 아기는 태어나자마자 아버지와 할머니로부터 냉대를 당하고 "섭섭이"라는 이름으로 불린다. 폴린은 어릴 때부터 눈이 멀어 부모에 의해 무당에게 팔려가려던 처지에서 구원을 받은 존재이다. 또 "경성에서 온 편지"에서 작가는 여자들을 거리에서 좀처럼 볼 수 없다는 사실에 주목하면서 조선 사회에서 여자들이 얼마나 주변적인 존재인지 지적한다. 작가는 여성을 비천하게 여기는 시각이 조선의 여성들에게 얼마나 많은 고통과 질곡의 삶을 살게 하는지 안타까운 마음으로 바라보고 있다.

구세대의 봉건적이고 유교적인 사고방식과 미신이 사람들을 얼마나 옥죄고 있는지를 애타게 바라보면서, 그들이 이러한 굴레에서 벗어나도록 돕고자 하는 소망은 선교사였던 작가가 당연히 품을 만한 생각이다. 이 책에 수록된 이야기에 나오는 여러 주인공들은 유교적 전통이나 미신 때문에 한 사람의 자유로운 인간으로 살지 못하고 구속당한다. 여성들은 가부장적인 틀 속에 매이고 서민들은 귀신에 대한 두려움에서 벗어나지 못한다. 심지어 조선의 왕자마저 한창 뛰어놀 나이에 그러지 못하고 수행원들의 보호 속에서 왕자님으로서의 체통을 지켜야 했다. 그런 왕자에게 담 너머에 살며 맘껏 뛰노는 미국인 소년은 동경의 대상이었다.

요즘 우리나라가 다문화 사회가 되면서 외국인들의 눈에 비친 우리의 모습이 텔레비전 토크 프로그램에서 화제가 되고 있는데, 이 책은 1900년대 초 우리의 모습이 외국인의 눈에 어떻게 부각되었는지 알 수 있게 한다. 특히 "경성에서 온 편지"는 전차, 온돌, 굴뚝, 짐꾼, 물장수, 빨래터, 옷을 벗고 다니는 풍습, 조랑말, 짚으로 만든 물건 등 이국적인 풍물을 소개하면서 그 당시의 생활상을 엿보게 해준다.

여성의 몸으로 이 땅에 와서 선교활동을 펼친 구타펠 여사의 조선과 조선 사람에 대한 사랑을 이 책의 많은 부분에서 느낄 수 있었지만 그와 동시에 강대하고 부강한 나라가 개발이 늦은 경제 후진국에 가서 선교를 할 때 내비칠 수밖에 없는 약간의 우월의식, 타국의 문화와 사람들을 약간 내려다보는 듯한 시각은 어쩔 수 없는 이 책의 아쉬움이라고 하겠다.

끝으로 하나만 짚고 넘어가겠다. "왕자의 놀이"에서, 우리식으로 옮기면 '내관'이어야 할 단어를 '하인'으로 옮겼다. '내관'으로 옮기는 것을 고려했으나 원서에 "hy-een(servant)"으로 표기된 것을 최대한 살리고 싶었다.

2008년 3월

옮긴이

조선의 소녀 옥분이
선교사 구타펠이 만난 아름다운 영혼들

| 펴낸날 | 초판 1쇄 2008년 3월 14일 |
| | 초판 3쇄 2023년 1월 27일 |

지은이	미네르바 구타펠
옮긴이	이형식
펴낸이	심만수
펴낸곳	(주)살림출판사
출판등록	1989년 11월 1일 제9-210호

주소	경기도 파주시 광인사길 30
전화	031-955-1350 팩스 031-624-1356
홈페이지	http://www.sallimbooks.com
이메일	book@sallimbooks.com

| ISBN | 978-89-522-0758-6   04080 |
| | 978-89-522-0855-2   04080 (세트) |

※ 값은 뒤표지에 있습니다.
※ 잘못 만들어진 책은 구입하신 서점에서 바꾸어 드립니다.